吉祥寺
中野
祭り
BROADWAY
たこ焼
USED
OPEN
明治神宮
777
平成
ザ・スズナリ
十七番地

东京昏昴

TOKYO GALAXY

静电场朔 / 著

生活·讀書·新知 三联书店 生活書店 出版有限公司

图书在版编目（CIP）数据

东京旮旯 / 静电场朔著 . — 北京 : 生活书店出版有限公司 , 2019.7（2020.2 重印）
ISBN 978-7-80768-278-3

Ⅰ . ①东… Ⅱ . ①静… Ⅲ . ①东京 – 概况 Ⅳ . ① K931.35

中国版本图书馆 CIP 数据核字 (2018) 第 281751 号

责任编辑 刘 笛 邝 芮
助理编辑 邵含笑 周昱均
装帧设计 罗 洪 大宇宙醸
责任印制 常宁强
出版发行 生活書店出版有限公司
（北京市东城区美术馆东街22号）
邮 编 100010
经 销 新华书店
印 刷 北京顶佳世纪印刷有限公司
版 次 2019年7月北京第1版
2020年2月北京第2次印刷
开 本 787毫米 × 1230毫米 1/32 印张9.375
字 数 264千字 图396幅
印 数 8,001—11,000册
定 价 65.00元
（印装查询：010-64059389；邮购查询：010-84010542）

序言 Preface

忘了是第一次还是第二次见静电，是在神保町逛完旧书店，被她拉到一间开了100年的地下咖啡馆吃咖啡冻，听她讲故事。第三次还是第四次见她，是在她稀奇古怪的工作室避雨，看她的委内瑞拉邻居画的佛像。第五次还是第六次，是在一家很旧很旧的居酒屋，很老很老的店长跟她熟络地打招呼……

静电本人，和这本书给我的感觉是一样的，风格强烈但温暖开阔。一照面，人就被拉进她的世界，根本来不及客套和准备，新信息不断冲击注意力。除了过后会回忆不起来这个朋友是怎么认识的，是哪次见的哪一面，好像也没有其他遗憾了。

话说回来，东京这座城市，好像也会给人这样的感觉。

那么由静电这样的人，通过这样的书，带你走进东京这样的城市，你也就别再客气啦。

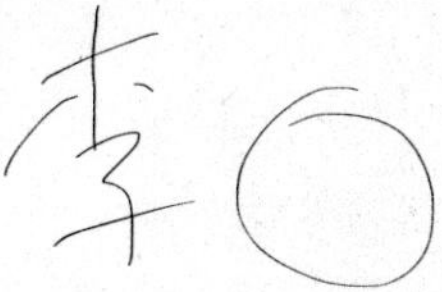

目录 Contents

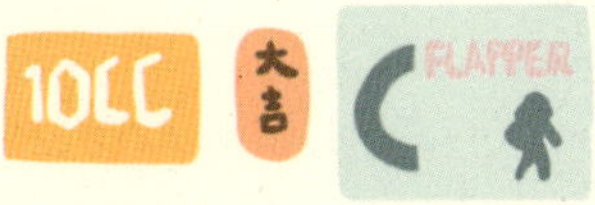
10CC
大吉
FLAPPER

ラブホテル
LOVE

くろねこ
配達

第一站

江古田

Ekoda

城 中 城 不 设 防

东京我来了

“从此往后就要请这座城市多指教了。”

我这样想着，

不知道为什么突然开心起来。

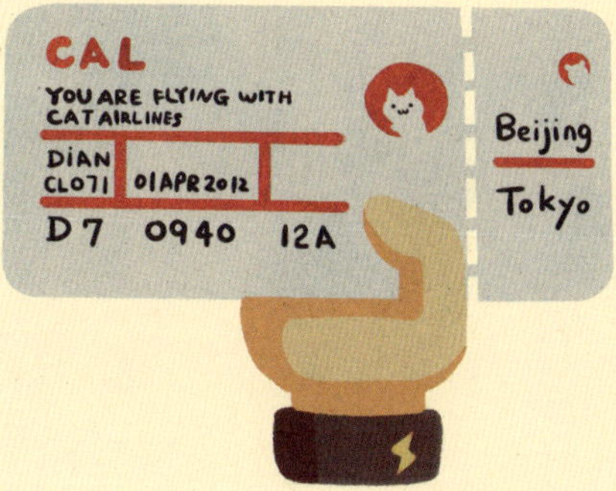
CAL
YOU ARE FLYING WITH
CAT AIRLINES
DIAN
CL071
01APR2012
D7 0940 12A
Beijing
Tokyo

Ekoda Map

01 练马站

练马站所属的练马区，是东京23区中最新规划出来的一个，因众多的漫画家居住在此而被称作“日本漫画动画发祥地”。

02 料理店好好亭

创立于昭和八年（1933年）的老店，售卖的是传统的洋食套餐。这家店充满了复古气息，食物便宜好吃，是东京老百姓喜欢的口味。

03 居酒屋鸟忠

全名叫作大众割烹鸟忠。割是用刀切割食材，烹是用火料理食材，割烹（かっぽう）就是指厨师在食客面前料理食物的馆子，风格可高级可亲民。这家的烤鸡肉和海鲜，可是好吃得让人迈不开腿。

04 罗森百元店

留学生和初来乍到者的好朋友，从食物到生活用品，全店商品统统只需100日元。

05 浅间神社

离车站北口很近的神社，隐藏在绿树丛中，仿佛守护神一般护佑着这片土地。这里供奉的是日本的象征　　富士山。

06 短租公寓

刚刚来到东京时暂时居住的地方，房间面积一般来说和国内小旅店的差不多大，还含有小厨房。很适合一个月之内的短期居住。

07 江古田站

在西武线上的江古田站，同很多喧闹嘈杂的大站不同，下车之后看到的多是学生和上班族，充满了生活气息。

08 洗衣房

日本很多家庭是没有洗衣机的，在住宅区会有很多投币洗衣房，大家会把衣服拿到这里洗净并烘干。

09 西武池袋线

连接池袋与埼玉县饭能市吾野站的铁路线。

10 江古田银座商店街

江古田站前热闹的一条商店街，周末的晚上，寻找居酒屋的“下班族”们常常云集此处，一醉方休。

11 池袋站

在被称为“小中国”的池袋站附近，充满了各种各样的中华物产店，同时也因拥有腐女喜爱的“乙女小路”而被称为御宅胜地。

当时还是长发的我，带着好奇心、紧张感以及感冒病毒，就这样飞到了东京

世界末日，东京我来了！

4月是日本关东地区的樱花即将绽放的时节。

抱着对大学院（研究生）生活的向往，以及在2012年末日预言（有可能）成真之前，一定要去到这座被宇宙侵略者、哥斯拉之类的巨大力量在“平行世界”里已经毁灭了成千上万次的亚洲中心一探究竟的愿望，我来到了东京。

望着窗外陌生又熟悉的景色，心跳逐渐加速

东京“初心者”的包内宇宙大解剖

01 眼药水：缓解视觉疲劳，使眼睛清爽。

02 Mintia：为了保持清醒而一直带着的薄荷糖。

03 Suica西瓜卡：出门乘车必备的交通卡。

04 在留卡（居留证）：刚来的时候拿的其实叫作“外国人登陆证”，出门必带的东西。

05 钥匙：家里的钥匙和行李箱的钥匙。

06 手帕：出国前被奶奶强行塞入包中，上面还绣着我的名字，让我有重回幼稚园的错觉。至今没有让第二个人看到过。

07 钱包：刚来日本的时候还带着在国内用的钱包，后来发现积分卡和零钱太多装不下，只好换掉了。

08 学生书包：在刚来日本还没有其他包的时候，从前买的高中生制服包可以说十分经济实用，容量大，结实防雨。穿着普通衣服背的话，它就变成了朴素的旅游包。

09《牛顿》杂志：类似日本版的《科学世界》。据说这本杂志曾经成功预言了日本的诺贝尔奖得主。

10 充电器：其实是在2013年才开始用的大容量充电器。

11 微单相机：被我称作“女朋友”的GF2，因为可以触屏对焦而一度非常抢手。它在仅陪伴了我两年后“英年早逝”。

12 消毒纸巾：用它来消灭手上看不到的细菌。

13 粉底：随时臭美。

14 电子词典：刚出国时的救命稻草。

15 富士拍立得：它记录了很多有趣的瞬间，日语中叫作チェキー。

16 护照：如果丢失了的话就很糟糕，但是最糟糕的是被人看到上面的照片。

17 速写本及其他文具：随时记录眼前的东京。

18 Sony耳机：MDR－CD900ST型号，似乎经常可以在各种媒体上看到它的身影。

19 任天堂3DS：初到日本时还在用它玩《怪物猎人》，最开心的是可以在日本用“擦肩”功能加到很多好友。

“虽然深爱东京可是我什么都没有。”

——《丸之内虐待狂》

椎名林檎的专辑

《胜诉的新宿舞娘》（勝訴ストリップ）

椎名林檎的专辑

《歌舞伎町的女王》（歌舞伎町の女王）

起初只是因为喜欢听椎名林檎的歌，通过她的音乐和语言的滤镜，想象这个充满各种奇妙故事的城市的每个角落，现在终于来到这里，也许我也会成为其中某个故事里的角色吧。椎名林檎的歌词中写到了各种关于东京的故事，这两张专辑从我初中二年级开始，一直在我的CD播放器中循环播放。

新宿照相馆阶梯下的茶店

我没有19万呢「御茶水」

最近在银座玩警察游戏

走出JR新宿站的东口，那里就是我的庭院，大游乐场歌舞伎町！

初见江古田

“从此往后就要请这座城市多指教了。”

我这样想着，不知道为什么突然开心起来。

刚来到东京的那几天，并没有立刻想去看看传说中的灯红酒绿，或者像游客一样立刻沉浸于所谓“和风”的形式美之中。那时候我的心情更接近于来到一户人家做客——总不能一进屋就去开冰箱吧。

一切都可以慢慢开始，反正有的是时间去好好了解这个城市。

在东京的第一个夜晚，阴差阳错（本来应该住进宿舍的，但是上一个住户还没有搬走），我来到了这个不太有名的地方——江古田。

它横跨了练马区以及中野区[1]，不“那么东京”，但确实是东京的深处。

1 东京市中心的23个特别行政区中的两个区。

江古田銀座
江古田駅入口
マルイ
40
接骨院
江古田クリニック
動物病院

江古田银座

把行李放置在临时的居所Weekly Mansion[1]，上街溜达的我只想往繁华的地方走，不知不觉中就走到了一条商店街。

现在想想对于江古田这一站，我印象最深刻的便是江古田银座了。

原来“银座”不仅是大家熟悉的东京丸之内附近的购物中心，以“银座”来命名的日本商业区还有很多很多，比如江古田银座、谷中银座等。

“银座”（ぎんざ）这个名词源于江户时期，是指制造和贩卖银圆货币的地方。

1 Weekly Mansion：短租公寓，介于一般的租赁房和酒店之间。入住时间一般短则几天，长则数个月。很多留学生在寻找正式的居住地，或者在等待宿舍房间清空之前，会选择在这里停留。省去了找保证人、交礼金等繁杂的手续。

江古田银座之夜

江古田的银座商店街里布满了各种各样的居酒屋[1]，与它相遇恰巧是个星期五的夜晚。从每一家居酒屋里发出的光、从建筑内外传来的笑声和吵闹声、在店外久久徘徊的醉客们，让整条街充满生命力。也许是这条街道和人们这种无防备的状态，让第一次来到日本的我也解除了初来异国他乡的本能警戒。

· 前菜

在上菜之前，居酒屋会为每个客人送上一小碟食物，在等待上餐的时候可以用这些食物果腹，配上酒还不错。它们一般都要几百日元的费用，根据每一家店的特色，菜品会有所不同，多为开胃菜（如果发现没有拿到小菜，可能是因为你没有点酒）。

· 日式烤鸡肉串（焼き鳥 ）

日式烤鸡肉串，一般而言是几块一口大小的鸡肉或鸡内脏串在竹签上，多以备长炭炭火烤制，分为盐味和酱汁味。我一般都吃盐味，想尽可能多地品尝到鸡肉的味道。

· 鸡葱串（ねぎま）

鸡肉与大葱相间的串，食用时能产生一种有趣的对比口感。本来这种串是金枪鱼块和大葱的组合（所以ま就是金枪鱼的日文まぐろ的略称）。

· 鸡皮（かわ）

我的最爱，可以同时享受到油脂的香醇与筋道的口感，一般采用鸡头部附近的皮烤制而成。

· 鸡肝（レバー）

作为高胆固醇食物爱好者，肝脏的独特口感是我非常喜欢的。在国内很少能吃到鸡肝，而鸭肝则常能吃到。烤熟的鸡肝肉质细密而绵软，能够融化于口中，而不是在口中碎裂（PS：是唯一能配合酱汁的存在）。其中的稀少品种——白肝（白レバー），也就是鸡的脂肪肝，嫩软香醇口感一绝。

· 鸡脆骨（なんこつ）

一般采用的是鸡胸骨尖端柔软的软骨，这是鸡肉中卡路里最低的部分，嚼起来十分带劲。简单来说就是骨肉相连的少肉版本。

---

1 居酒屋（いざかや）：日式小酒馆，是提供酒类和饭菜的料理店。与只提供酒类的普通酒吧不同，居酒屋提供高质量、有特色的饭菜，是一种日式文化的产物，也是日本人在下班之后主要的社交场所之一。在星期五的晚上，居酒屋更是座无虚席。

• 鸡肉饼（つくね）

将鸡肉馅儿做成肉饼（有时候也会是丸子形状）串在竹签上，馅料中会加入少量软骨和其他配料，不同的居酒屋会有不同形状的丸子，以体现自己的风格和水准。

• 炸鸡块（唐揚げ）

基本上是每个居酒屋都会有的固定菜品，将腌制过的鸡块裹上特制的面衣油炸而成。要不要给炸鸡块挤上柠檬汁，成为每个饭桌前食客脑中永恒的哲学问题。

• 香甜咖啡酒（カクテル）

居酒屋给人的印象多是“社会人”喜爱的场所，与其对应的酒则是啤酒和烧酒。但我显然还是喜欢甜一点的鸡尾酒，初到日本的时候发现了咖啡酒，我一下子就上瘾了。只要稍微倒入一点牛奶，就会变得非常好喝。

• 烤鳐鱼翅（エイヒレ焼き）

说到下酒菜，我心中的第一位一定是鳐鱼翅（エイヒレ）。入口的味道和童年时吃的鱼片有几分相似之处，尤其是甘甜的鱼肉和蛋黄酱搭配在一起时。虽说是随处可见的料理，但每次吃的时候心情都会变好。

• 烤远东多线鱼（ホッケ焼き）

非常好吃的一种温带海水鱼，适合讨厌鱼刺的人食用。最开心的事就是将中间的两根鱼刺整体拔起后，即可享用完全没有鱼刺的鲜美鱼肉（不腥！甚至有一股黄油的香气）。

＊ 喝醉的上班族（サラリーマン）在居酒屋内外闹成一团，是星期五的东京经常出现的场景。（右上图）

深夜的稻荷神社

在日本的第一夜，我结束了晚餐回到临时的居所Weekly Mansion。

2012年，我还没有用上智能手机，没有GPS，也没有Airbnb（爱彼迎，一个旅行房屋租赁平台），只能通过官方网站预订短租公寓。如果不是因为方向感好得出奇，大概也没法拿着一张纸地图就来到陌生的都市硬着头皮找地址。

虽然短租公寓的房间配置就像是普通青年酒店的单人房，但是在洗衣室[1]洗衣服的时候，不知道为什么突然觉得十分开心，洗衣服可是新生活的开始啊！

借着洗完衣服的那份开心劲儿，突然想出去溜达溜达，于是我带着相机潜入江古田的夜晚。虽然有点贪婪，但还是想趁着这个城市“不设防”的当儿，多探索地图上尚未解锁的部分。

就这样，我一路小跑，在车站南口通向武藏大学的途中，路边一座神社的鸟居[2]突然映入眼帘。深夜中不知道是路灯还是鸟居的建材反射了月光，在一片幽暗的树林里，鸟居就像小说中异世界的入口一样吸引着我。不知不觉中我已穿过鸟居，踏着杂草，径直向空无一人的神社内走去。

突然，身后一道光线穿过寂静和黑暗，一下子将我的意识按回脑中，回头才发现光线来自一辆自行车的车前灯（在日本夜间骑自行车必须要打开车前灯）。

1 短租公寓中的洗衣设备都会集中在特设的洗衣房，需要住客自己洗涤衣服。
2 鸟居：日本神社的建筑之一，属于“结界”的一种。一般位于神社的入口，类似于中国的牌楼。

“你在干什么？”

“哎？啊——”来到东京的时候，除了例行公事的对话，我还没有好好地和日本人讲过话。

比起深夜撞上神奇事件，此刻，我更像是上课睡觉被叫起来回答问题，“就是想拍拍照片！神社很好看。”语法用得乱七八糟。

“深夜一个女孩子乱逛很危险啊！街上都没人了。”

“哎？！对不起！”

定睛一看，原来是夜间巡逻的警察小哥，他正在担心地看着我。突然感觉到刚刚还散发着诡异气息的神社，瞬间变得让人有了安全感。

这天的经历让我对东京的既有印象从纸醉金迷的大都市，变成了一个大型温暖的居委会。

当然，印象一变再变就是几个月后的事情了。

次日于阳光下再次与这座神社见面，也是为了确认昨晚不是在做梦。白天神社的气场和深夜所见的完全不同，鸟居、赤色和黄色相间的神社建筑沐浴着日光，仿佛完全没有任何魑魅和魍魉藏匿其中。精雕细琢的十二生肖以及稻荷神社的守护神狐像，也毫无保留、惟妙惟肖地呈现在我眼前。

这样的一座神社到了晚上却像是要将人拉入结界般鬼魅呢。

救命稻草百元店

在东京的第一顿饭——百元店三件套

一包没有酱汁的蔬菜

100日元的蛋糕也有草莓

朴素又可爱的咖啡牛奶

只有番茄酱和葱末子的面

由于好奇而买的玉米冷汤

居然夹了炒面的面包

虽然考过了日语等级测试，但还是需要一定的勇气去面对真正的日本人，我起初甚至连在饭店点餐都会尽力避免和人交流。

刚来东京的那一周我都在便利店买东西吃。自认为对入口食物很挑剔的我，经历了一段奇妙的过渡期，也是从这时候开始养成了记账的习惯。

日本是个零钱大国，不知不觉中就发现自己的钱包变得沉甸甸的。在我眼里，100日元就像是中国的1元钱硬币和美国的25美分硬币一样，在生活中有着举足轻重的分量。100日元不是硬币中最小的，也不是最大的，但却是用得最多的。

有花100日元就可以享受的寿司和饮料，还有拯救了刚到日本时的我的100日元超市和便利店。在那里，无论是饮料还是日用品，都是100日元，就好像中国的统统10元的大甩卖商店一样。

在我心目中变得高大起来的「100円shop」！

* 百元店：前身是大正时代的“十钱商店”，由特卖会转化而来。百元商店中所有商品的价格都是100日元加上8日元的消费税，也就是108日元。

东京地铁魔窟

虽然在日本的生活从江古田开始，但是我在这里停留的时间并没有很长。在日本读大学或大学院与国内不同的是，很多学校都是不提供宿舍的。接下来我要前往一个叫作莲根的地方开始宿舍生活。

走到江古田车站，不由地望着复杂的线路图发呆，究竟怎么换乘？乘几点的车呢？

没错，当年没有智能手机的我，只能盲人摸象了（现在大家只要下载APP“乘换案内”就可以方便查询了）。

那时候看着日本的这些车站名称，我不禁幻想它们究竟是怎样的地方。尤其是那些叫“我孙子”“新丸子”“小手指”等奇怪名字的车站。

细细数来，其实东京光是地铁——国营的Tokyo Metro有10条，都营的地铁有4条——加起来就有14条。这些地铁再加上途经东京的JR、私铁，编织成了一张密密麻麻的交通网络。

车站便当

日本独有的车站便当（駅弁），是指在车站内卖的便当。这些便当多是该站限定的，大多出现在和新干线连接的换乘车站。原本是将当地特产做成便当在车站内贩卖，后来演变为车站便当。

从便当盒的外形、食材到烹调方法，每个车站的都有其与众不同的特色。也因为各车站的菜肴特色不同，所以日本也有人把吃遍全国各地的车站便当作为自己的奋斗目标。

乘着电车驶向新生活，但没想到等待着我的是漫长的车程和离都市生活越来越远的宿舍。

上图的便当是中野站公认的“the中野的”逸品二段车站便当，1500日元，主菜为几种不同的可乐饼（コロッケ），比如北海道男爵马铃薯可乐饼、虾仁可乐饼等，搭配鸡蛋烧、筑前煮等小菜。

在日本乘坐公共交通的通用卡片叫Suica（因为发音和颜色的缘故，也叫西瓜卡），上面有一只可爱的小企鹅。有了它，再也不用费劲到车站买单程票，余额不够的话只需要充值就可以了，比单买车票要优惠很多。粉色的Pasmo也是一样的。

第二站

莲根 Hasune

偏离都市中心的女子宿舍

犬の皆さん
夜の一人歩きは
やめましょう!

这里也是东京吗？

到了住处才发现莲根已经接近埼玉县了，

这和我理想中的东京都市生活似乎出现了偏差。

Hasune

01
荒川
都营三田线
西台站
02
パチンコ
おはよう
04
超大的小钢珠店
老人家很多
莲根站
03
やきとり
いらっしゃい
居民区
06
随处可见的熊孩子们
香喷喷的烤鸡肉串店
05
偷袭我的野猫
志村三丁目
07
宿舍背后的墓地
09
女子寮
08
有机农田
真正的终点站宿舍
首都高速高架桥
10

Map

01 荒川

流经埼玉县和东京的河流，在东京分支出隅田川。荒川是东京和埼玉县的分界线，由于其处于东京的下町[1]区域，在河岸附近总能见到流浪汉的住所。

02 都营三田线

是一条连接目黑站和西高岛平站的地下铁线路。刚来东京的时候，我每次都从都营三田线上的莲根站坐车到巢鸭站，再换山手线去秋叶原上学。

03 莲根站

位于都营三田线上的莲根站，近几年来每天乘降人次数不足1万（新宿站每天约有77万人次）。看着满街的自行车和密密麻麻的私家车，我想或许住在这里的人不怎么爱搭电车吧。

04 超大的小钢珠店

车站边上的小钢珠店宛如城堡一般壮观，每次自动门打开时都会从里面传来震耳欲聋的音乐和小钢珠碰撞在一起的声音，对从车站出来的下班族来说，回家路上最大的诱惑大概就是它了。或许是因为在城乡交界处，一切需求都会被集中放大，这里的钢珠店面积相当于东京都内的好几倍。

05 香喷喷的烤鸡肉串店

回家的路上，总会路过一家烤鸡肉串店（焼鳥屋），这家店藏在这城乡交界处的居民区里。烤肉串的炉子正对着窗外，随意一瞥就可以看到炭火上一串串的烤鸡腿肉、烤鸡脆骨、烤鸡皮，还有一些叫不上名字的。刚来东京的我对自己的口语一点自信也没有，直到搬走都没鼓起勇气去买。

06 居民区

在莲根很少看到大型的娱乐设施和密集的饮食街，街道两旁都是独栋建筑以及生活便利店，矮小的建筑物群中时而出现一些土土的高大建筑，一般都是由国家或县、市建设的公共住宅（日语叫作“团地”）。

07 偷袭我的野猫

东京的街头巷尾栖息着各种各样的野猫，尤其是在居民区。有的猫甚至被喂养得比家猫还要肥壮，街道委员会会为它们做登记和绝育。

08 有机农田

虽说这里离市中心是有些距离，但在住宅区里突然出现温室和田地，还是令人充满了难以言喻的意外感。农田边上还有买卖农产品的商店，大概是因为当地人吃到有安全保障的粮食才会踏实吧。

09 宿舍背后的墓地

我住了三个月才发现，宿舍的后窗居然正对着一片小小的墓地，但是却没有一点阴森的感觉。后来才知道，东京的墓地都是和生活区连在一起的，可以说是一种“生死与共”了。

10 首都高速高架桥

宿舍的窗外就是吵闹的高架桥，每当大卡车经过，房间的地板也会随着晃两晃，刚开始还以为是地震，后来身体便渐渐习惯了这种摇摆。

---

1 下町（したまち）：意思与英语中的downtown相近，通常是指城市中靠近河岸、海边等工商业聚集的地区。

东京北部的莲根

由于当时对东京的了解有限，也没有距离的概念，因此在挑选宿舍的时候，鬼使神差地选择了距离学校将近3小时路程的莲根站宿舍。到了住处才发现莲根已经接近埼玉县了，这和我理想中的东京都市生活似乎出现了偏差。

说句实话，莲根简直是城乡接合部一样的存在。没有高楼大厦，没有繁华的商店街，没有时装店。从车站走到宿舍需要20分钟，一路上居然还经过了农田。歪歪扭扭的道路甚至导致我的方向感都出了问题，擦肩而过的80%都是老年人。

莲根在日语里的意思就是藕，在东京的前3个月就住在藕里可还行。

（由于需要个人空间，我选择了单人间宿舍，因为房间背阴所以很少看窗外，搬走的时候才发现楼下是一片墓地。）

拖着大箱子来到了女子寮（女子宿舍），迎接我的寮父、寮母（宿管叔叔、阿姨）是一对日本的老夫妻，他们亲切地接待了还在日语预热期的我，并告诉我这里提供早餐和午餐。这对于还不敢去饭店吃饭的我来说简直太棒了。

周黑鸭
ZHOUHEIYA

原来这就是女子宿舍

我在东京拥有了第一个属于自己的房间，虽然厕所和澡堂是公用的，但整体感觉还不错。宿舍里除了我以外的所有女孩子都是日本人，她们都是从各地来东京学习的大学生。因为日本的很多大学都是不提供宿舍的，所以才会有这样的女子宿舍，大家的学校都各不相同。

虽然我在这里只待了短短三个月，但这种沉浸式相处使我的日语水平极速提升，最终达到了可以在餐厅正常点餐不胆怯的水平。

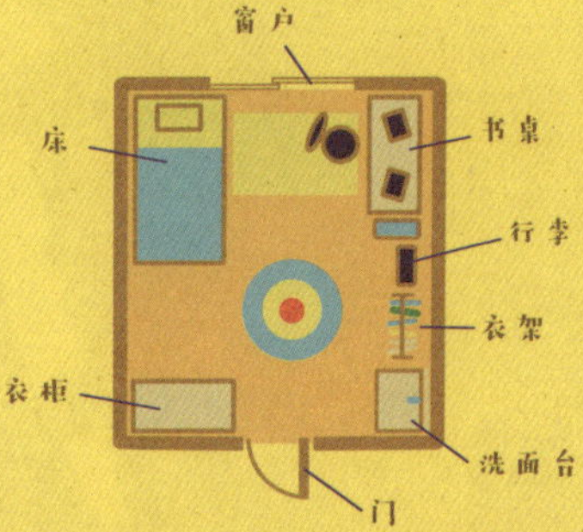

台风天的东京，放弃用雨伞吧！

台风天被野猫咬了

在这个“东京城乡接合部”住下来没多久，就进入了梅雨季，也迎来了台风肆虐的日子，而且我人生中第一次被猫咬了。

在充满了下町风味的街道，迎着即将到来的台风前奏——小雨，一只野猫一路跟着我到宿舍门口，并绕着圈子黏在我的身旁。在我准备开门的一刹那，它突然扑到我的膝盖上咬了一口，然后飞快地弹开跑掉了。我还来不及反应，就连疼痛也是半分钟之后才传到脑中！

回到宿舍的我，看到并不薄的袜子竟然被咬出了两个洞，血从那两个小洞里汩汩地冒出。脱掉长袜看到伤口时，我的脑中嗡的一声——要去打狂犬疫苗！

人生地不熟的我，只好求助了同样人生地不熟、居住在志村坂上（在莲根站的前几站）的朋友。

当朋友赶到的时候，风已经裹着雨变成了一层一层的瀑布。我们在路上损失了两把伞，最后只好在便利店买了简易的雨衣。各位朋友们，真的不要小看岛国的台风啊！在风暴中心的时候，人就像是会随时被吹起、飘在空中的塑料袋！

当我们到达医院的时候，医生看着全身湿透的我，居然笑了起来（好失礼），可能在日本真的很难有被野猫咬成这样的人吧。我有点生气，护士给我打了抗生素针剂。

“日本已经有50年没有出现得狂犬病的狗啦！更何况是猫。”

“狂犬病听起来很遥远呢，大部分医院都不会接种这种疫苗的。”

医生这样说，仿佛我口中的狂犬病是绝迹了的天花病毒似的。

我庆幸日本是个安全的国家，也祈祷自己不会成为某些故事的倒霉主人公。大家习惯了没有狂犬病、坚固的防震系统、夜间的便利店……但是万一呢？！我反而提高了警惕。

一起泡“汤”吧！

准备去洗澡的时候我突然发现，这里的澡堂是公共浴室，就像是日本的钱汤（一种日本特有的公共浴室）一样。

一上来就和姑娘们坦诚相见，着实让人不好意思。因此我快到午夜时才进去洗澡，心想可能没人了，结果里面还有好几个女孩在边泡澡边兴高采烈地聊天。想着网络上疯传的日本社会的冷漠，我默默地冲了身体（日本泡澡之前要先沐浴），坐在浴缸的一个角落。

但我马上就被搭讪了！于是只好用蹩脚的口语应付接下来这一堆连珠炮。她们听到我是中国人之后，就更加有兴趣了，又是想学中文，又是给我推荐好玩的地方。其中服装设计专业的女孩推荐我去下北泽和原宿看看，也许会有不可思议的发现。之后我就抛下矜持开始经常去泡澡，与大家坦诚相见，也去了她们告诉我的有趣的地方。（有的时候洗澡水的颜色还会变，可能是谁将入浴剂偷偷扔了进去吧。）

淋浴区

先在淋浴区把头和身体洗干净，才能去泡澡。这样不仅可以冲掉身上的污垢，还可以适应浴池的温度。坐着洗澡的姿势容易让人放松又可以防止滑倒，同时也不会因为闷热的环境而头晕眼花。

浴池

赤裸相见的浴池也是一个社交场所，卸下了一切防备的人们，仿佛更容易交谈起来，让人不禁想到古罗马的公共浴池。无论你来自何方，有什么烦恼，只要进了这池子，大家就都在做同一件舒服的事儿。

寮母做的定食

黄油烧三文鱼（サーモンバター焼き）
在用酱油烧制腌制过的三文鱼时，淋上黄油使其沁入肉里，味道会变得丰富。

酱菜（漬物）
用盐腌制的蔬菜，就像中国的咸菜。

米饭（ご飯）
经常会在米饭上加小梅干或是一种叫作干紫菜末/鱼粉拌紫菜（ふりかけ）的调味料，让饭变得更好吃。

寮母每天都会为住在宿舍里的女孩们悉心准备早餐和午餐，由于早餐是在7点至9点，所以大家不得不为了美食而早起。每天的午餐都是精心搭配的定食。定食（ていしょく）翻译成中文是套餐的意思，形式上是汤、菜、米饭放在一个托盘内。和式定食一般以某一个菜品为主，配以小菜、米饭、酱汤、咸菜等。其上菜时的摆法，可根据菜的情况而定，但主菜一定放在托盘的中上方，中下方为小菜。米饭、咸菜放在左边，酱汤放在右边，筷子放在最下方。这种摆法大体是不变的，其余的配菜就放在空隙处。就算是在宿舍里，定食的摆放也如此讲究。

抹茶（まっらゃ）
类似速溶咖啡，茶叶粉末直接溶化在热水中的饮品。在分秒必争的早晨，只要有足够的热水，就可以实现量产。

味噌汤（みそ汁）
面豉汤，定食的固定汤品搭配。泡在味噌汤中的海带十分美味。

温泉蛋（おんせんたまご）
利用蛋黄在70℃凝固、蛋清在80℃凝固的特性做好的鸡蛋。蛋黄半熟、蛋清半凝固，拌在米饭里香喷喷，也不腥。

寿司初心者
鮨

出发去寿司星系！

对于习惯了吃生食的人来说，沿海的日本简直是美食的天堂。

我从小就对没有被烹调过的肉有一种生理上的抗拒，即使知道它应该是美味的，但是在入口时，从肉同舌头接触的那一刻起，食道深处就涌出一股强烈的排斥感。

当有些人说“你不能吃生肉，那么来日本还能吃什么呢？”的时候，我总是觉得很奇怪。因为单在东京，也还有数以百计的外国餐馆呢。

就算这样，我还是很喜欢吃寿司！

一个不能吃生肉的人居然喜欢吃寿司，听起来的确可笑——可能只是因为那一片卷起的海苔，也可能是因为酱油芥末和醋米饭的搭配实在绝妙。当然，这些理由对于真正了解寿司的人来说，可能显得过于外行。寿司在日本古代可是写作“鮨”的呢，意思是好吃的鱼，鱼肉鲜度拔群才是标志吧！

不过，日本一般的寿司店里，的确有很多像我这样的门外汉也可以尽情享用的寿司，这是毋庸置疑的事实。

可能在寿司专家的心中，我等寿司素人选择菜品的行为就像是去麦当劳只点了最便宜的汉堡包，或是在烤鸭店只点了一份西红柿炒鸡蛋吧。

在5年后回想起那个阶段，我越来越觉得很多“寿司专家”其实并不了解寿司。因为那些在他们眼中，“不算寿司”、夹带着熟食的庶民寿司，其实也是很可爱的存在。不同的寿司店，也有不同的气质。

PS：现在我可以昂首挺胸地说自己可以驾驭一部分生肉寿司了，并且也可以客观地对它们进行评价，至于其中经历了什么，可能一本书都讲不完。

01
いわし
まぐろ
えんがわ
あわび
ほたて
サーモン
あじ
げそ
やりい
生うに
甘えび
ネコすし
NEW.
02
03
04
05
06
100
07
08
09
茶

⑩

01 菜单

在墙上和桌前都会有菜单，基本上都是用日语假名书写的，由于连日文汉字都没有，所以初来乍到、还不熟悉海鲜的人会看得一头雾水。

02 常客

回转寿司店的顾客来来往往，大家都是一时兴起就去吃了，很少有固定的客人，但是高级寿司店里的常客基本上都是对师傅的技法了如指掌的老朋友。

03 回转寿司

回转寿司店会根据盘子的颜色来区分寿司的价钱，最后算钱也是要数盘子的，可不要偷拿盘子哦。

04 我

发现载着寿司转圈的履带上没有自己想要的食物时，可以直接开口问师傅要，他便会现做了给你，这样就可以享用更新鲜的寿司。

05 大将

以个人名号来经营寿司店的店主，有的时候被称作大将。当然客人也会根据自己的习惯，使用其他称呼。

06 辣根

大家喜爱的“绿芥末”（真正的芥末是黄色的）其实是由山葵根制成的，但是因为山葵难以保存，所以就多以辣根代替。在许多回转寿司店里，客人不能随意取用辣根，需要向师傅举手索要。高级的店真的会给你山葵根和碾菜板，让你自己边磨边吃。

07 热水

泡茶用的热水龙头，会流出滚烫的水，小心烫伤！

08 酱油

新鲜的手握寿司，有的时候蘸了酱油反而会少了鲜味儿。但是在特别平价的寿司店里，为了防止“踩到雷”，蘸酱油也是无妨的。但是不要用米饭那一面蘸，否则你会得到一堆散开的酱油米饭粒，吃起来极其不爽。

09 茶粉

绿色的粉末茶，其实是碾碎的绿茶茶叶。有说法是因为吃回转寿司偶尔会“踩到雷”，用茶水漱漱口就可以清理口腔了。

10 价格表

盘子的不同颜色代表寿司的不同价格，通常店内会有标注。结账的时候，服务员会过来数盘子算钱。

我的老百姓寿司菜单！

日本的寿司也因为地域差异而形成了不同的流派，关东地区属于江户派（被称为江户前寿司），我们在东京经常吃到的手握寿司（握り寿司）就是江户派的代表，关键词是新鲜，现做现吃。而关西则有箱寿司等，需要腌制一段时间，加工后再食用。

在东京，好吃的寿司必定是有和其美味相符的价位，但很多百姓寿司店或是回转寿司店也有朴素的好味道，食无定味，适口者珍。厉害的寿司店肯定要由更加专业的人来做出专业的评判，我就来说说普通百姓价位的寿司吧！

在有些寿司店中，需要直接对师傅吼出需要的菜品名称，而很多菜单上则只有字没有图。刚开始的时候，电子词典派上了用场。

一般来说，百姓寿司店有以下几种类型：

赤身：红色的鱼肉（金枪鱼、鲣鱼等）

白身：白色的鱼肉（鲷鱼等）

光物：鱼皮为银色的鱼类（沙丁鱼等）

触手类：各种乌贼、章鱼

贝类：各种带贝壳的海鲜

其他：各种可以放在醋米饭上的食材

金枪鱼（まぐろ）寿司

被称作海洋之鸡（sea chicken）的金枪鱼作为熟肉罐头一直让我欲罢不能，但是面对红宝石一样的生金枪鱼，我经历了无数次失败。直到我吃到了金枪鱼大腹和中腹（大/中トロ）之后，异样的感觉才得以改善。

静电食用难度指数

金枪鱼中腹（中トロ）

金枪鱼最好吃的部分就是腹部了，能看到明显的白色脂肪，就像雪花牛肉一样。入口时完全没有让我产生抗拒心理。当脂肪在口中化开的时候，宛如吃下一块牛肉和黄油的混合体，渗出的肉汁甚至不像是出自动物，而是来自于一种多汁的植物。用“入口即化”来形容这种奇妙的口感都稍显俗气。

静电食用难度指数

三文鱼（サーモン）寿司

几乎身边所有人对日式寿司的第一印象都是三文鱼寿司，同时它也是我童年的阴影。第一次吃的生肉寿司便是三文鱼寿司，尽管当时蘸了酱油，但属于海鱼的一种特殊味道和口感同时传达到我的大脑时，便一下子被识别为危险食物。就算现在的我已经进化到可以吃金枪鱼寿司的程度，三文鱼刺身对我来说还是一道过不去的坎。不过熟的三文鱼就另当别论了。

静电食用难度指数

章鱼（たこ）寿司

章鱼作为餐桌上的常客，总给我一种如果它缺席就不太合适的感觉。不过庆幸的是，章鱼寿司上章鱼的体积总是会比章鱼小丸子中的大一些。用来做寿司的章鱼基本上都是熟的，所以肉质也更紧致有嚼劲儿。一般来说，最好吃的部分就是章鱼脚啦！

静电食用难度指数

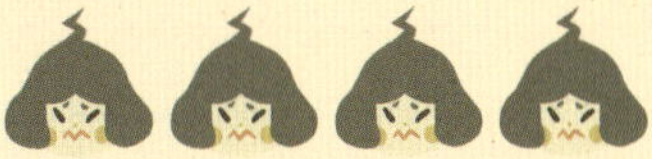

比目鱼（ひらめ）寿司

白身的鱼类通常都没有什么腥味儿，而比目鱼又是其中脂肪含量较高的一种，所以在清淡中也透着些许醇厚。嚼着嚼着，居然没有出现让我头皮发紧的腥味儿，只是没有加酱油的话就太清淡了。从街边的寿司店到高级寿司店都能吃到它，基本上是在刚开始用餐的时候就吃（吃寿司讲究味道从淡到浓）。

静电食用难度指数

虾（えび）寿司

有着朴素的味道。一般都是用过水后的熟虾制成，所以对我来说没有什么难度。

静电食用难度指数

青花鱼（さば）寿司

因为在餐桌上十分常见的缘故，所以青花鱼几乎成了平价食物的代名词。寿司上的青花鱼还可以看到身上原本的花纹，这不禁使我想到它还在水中畅游的模样，从而难以下筷。但我最接受不了的还是青花鱼普遍存在的腥味儿，即使是煮熟了也难以避免，但是对于好这口的人来说就是美味吧。

静电食用难度指数

小肌鱼（こはだ）寿司

对于喜爱海味的人来说，小肌鱼肯定是一个不错的选择，是非常正宗的“海的味道”。但对于我来说，目前还不敢冒这个险。

静电食用难度指数

X 100

鲑鱼子（いくら）寿司

经常出现在各种海鲜大餐里的鲑鱼子，起初也是让我的生食恐惧症和密集恐惧症齐发的可怕存在之一。光是想象爆开的鲑鱼子里还有未成形的鱼类都有点难受。但意外的是在一次误食之后，我就这么接受了它，味道是咸里带了些甜味儿，没有刺激味蕾的腥味儿。特别好的鲑鱼子甚至连一点鱼腥味儿都没有，只有鲜香的味道。因为容易塌下去，所以一般被做成军舰卷，用海苔把鱼子和米饭包裹起来，就像是军舰一样。

静电食用难度指数

扇贝（ほたて）寿司

烤熟的扇贝甘甜鲜嫩，一直是我的最爱。百姓寿司店里的扇贝有生有熟。扇贝甜甜滑滑的口感很易于入口，一般都会配合一些酱汁食用。但对于扇贝寿司来说，我还是认为稍微用火炙烧一下的贝肉会更好吃，其独有的纤维经过火烤之后，吃起来更有干脆利落的感觉。

静电食用难度指数

鱿鱼（いか）寿司

我虽然很喜欢吃烤熟的鱿鱼，但是一旦它以白得接近透明、反射着灯光、略显湿润的样子出现时，还是会让我有点畏惧。身边喜爱寿司的朋友也有很多表示并不喜欢生鱿鱼的口感，我在冒险吃了一块之后立刻明白生鱿鱼让人闹心的原因在哪儿了——带有韧性的纤维需要你反复咀嚼，对于筋道口感不是很感冒的人可能会对这个过程感到厌烦。我也是由于无法快速下咽而焦急不已，而且越嚼腥味儿就越会从被撕开的肉里渗出（也有些甘甜），身体本能对生食的抗拒一下子被激发。这并不能说明鱿鱼寿司是一种不好吃的单品，但是物理上的“难以下咽”是真的，也有人是单纯舍不得咽。

静电食用难度指数

海胆（うに）寿司

海胆的日文汉字写作“雲丹”，指的是海胆中可以被食用的部分，丹红色的肉像聚集的云团。海胆的品种有很多，比如马粪海胆、红海胆、紫海胆等，而我们所食用的海胆“肉”其实是海胆的生殖腺，所以我很长时间都不敢吃。加上廉价寿司店的海胆多数是冷冻的不新鲜海胆，味道就像是一坨腥臊的海底泥。直到我吃过新鲜且品质好的海胆后，这道大门才被打开。甘甜清爽，不浓不淡的味道，让我怀疑之前吃过的难吃的海胆都是赝品。

静电食用难度指数

芽葱（めねぎ）寿司

芽葱是刚刚发芽不久，长度为6cm至10cm，直径约为1mm，口感极为柔软的嫩葱，稍微有些葱特有的辛辣，但远不及成熟的葱的程度。切去根部的芽葱被海苔绑成一束放在米饭上，直接食用。因为受众不多，所以芽葱寿司在回转寿司店很少见到。入口的感觉是新鲜，且吃完后跟别人说话也完全没有葱的臭味。

静电食用难度指数

鸡蛋烧（だし卵）寿司

鸡蛋烧可以说是最不寿司的寿司了，但是在我看来，它恰恰是具备了寿司形式美的存在，即符合“似乎什么都可以被醋米饭托起成为手握寿司”这条基本公式。在吃这种寿司的时候，总有一种食用“刚好一口大小”蛋包饭的感觉。

静电食用难度指数

稻荷（いなり）寿司

外面是油炸豆皮，里面是醋米饭。甘甜的豆皮香会渗入米饭中，口感十分清爽，但是吃多了会觉得腻。因为太过平民化，所以在高级寿司店甚至看不到它的身影。不过在江户时期的文献中就有关于它的记载，传说曾经是供奉稻荷狐狸神的供品（用来代替肉），因此而得名。

静电食用难度指数

铁火卷（てっかまき）

细卷的一种，用海苔包裹住金枪鱼的赤身和醋米饭，再佐以山葵根的碎末，一般都是吃完正餐还有胃口的时候吃。因为铁火卷不是“主角”食物，所以样子也平平无奇。名字叫作“铁火”是因为在江户时代的赌场（日语中叫作“鉄火場”），这种细卷寿司曾是赌博时吃的轻食。在食用的时候我不禁想起了便利店会售卖的卷饭。

静电食用难度指数

鸡蛋羹（茶碗蒸し）

寿司好伴侣鸡蛋羹，其中的香菇、白果和鸡肉充满了鸡蛋的鲜香，是我每次去吃寿司必点的单品。

静电食用难度指数

河童卷（かっぱまき）

细卷的一种，基本形态和铁火卷一样，只是金枪鱼被换成了细切的黄瓜条。传说中河里的妖怪河童特别喜欢吃黄瓜，河童卷因此而得名。据说黄瓜是世界上营养价值最低的蔬菜，居然可以和金枪鱼一起作为寿司的馅儿。我第一次去寿司店的时候原本想点，但被朋友呵斥：“既然都特意来到寿司店了，还要点这么无聊的东西吗？”

静电食用难度指数

猫寿司（ねこすし）

传说有一家位于东京北边的猫寿司店。作为寿司店食材的猫咪只只“膀大腰圆”，只有在盂兰盆节的时候才能在某些不知名的地铁站外捕获它们。据目击者口述，凡是进入猫寿司店的人都没有再出来过，但猫咪的数量却有增无减。（以上均为杜撰）

第三站

秋叶原

Akihabara

极速奔跑在时间前端的电器街

店
エアコン扇風機大特売中!!!4F
歡迎光
AKIHABARA·GAMES·ANIME
衛隊
DF

没有夜生活的秋叶原电器街

虽然名字源于一个误会，但这里的确是被某些力量所庇护了呢！

01
3331美术馆
3331
ご主人様
MOE
06
Dr Pepper
「阿宅」饮料
上野广小路站
AMAZING!
WOW! AKIBA!
11
山手线
上野站
银座线
帽子屋
武装商店
03
末广町站
外国御宅朝圣者
练习wota艺的偶像宅
ドン・キホーテ
唐吉诃德
100円-
500円-
破烂儿街
02
04
罐装关东煮
おでん
05
SEGA
GAME CENTER
カフェ
猫咖啡厅
animate
I♥AKIBA
GUNDAM Cafe
08
高达咖啡厅
07
Animate
电玩厅
御茶水站
AKB48 CAFE
AKB48咖啡厅
09
JR Akihabara Station
中央本线／总武本线
大学院搬到了御茶水
秋叶原站
ラジオ
无线电会馆
万世桥
10
神田站
过了万世桥就突然迷之安静

Akihabara Map

01 3331美术馆

由中学改造而成的艺术中心，很大程度地保留了校园建筑物的原貌，每一个教室都变成了画廊或办公室，活动礼堂如同《灌篮高手》中的篮球馆。它打破了美术馆和观众间的距离感，让每个人都可以轻松步入这座崭新的文化基地。

02 猫咖啡厅

最近流行起来的治愈系咖啡馆。无法在家里养猫，或是有了家猫还朝三暮四的人们汇聚一堂，享受着被群猫包围的快乐。

03 武装商店

它可是一家名副其实的“武器商店”，各种ACG（动画、漫画、游戏的英文首字母缩写）作品中出现的刀、模型枪等武器道具，都能在这里找到。店内还挂着“不要随便拔刀”的警示牌，想要讨伐魔王、统一天下、征服宇宙的朋友请记得向店老板咨询一下。

04 破烂儿街

在与神田中央大街交叉的藏前桥街和秋叶原文化地带（AKIBA Cultures Zone）之间，有个名叫“ジャンク(junk）通り”的地方。junk街就是破烂儿街，它的路边会出现数不清的键盘、电线，一些不知道用在哪里的零件，和便宜的创意电器产品。随着潮流的变化，新商品也层出不穷，在这里总会不经意地淘到宝。

05 罐装关东煮

只要200日元就可以买到的关东煮。褐色的昆布汤中放着魔芋丝、三角形魔芋块、鸡蛋以及白萝卜。在冬日的街头懒得下馆子又对食物的味道不那么挑剔的话，这个倒是果腹的好选择。

06“阿宅”饮料

这罐在很多ACG作品中登场的碳酸饮料Dr Pepper，有着“阿宅饮料”的绰号，它充满了秋叶原的各种自动售货机。喜欢的人和讨厌的人呈两极分化，个人认为很像樱桃味的可乐。

07 Animate

应季的人气动漫的周边、杂志、漫画等都能在Animate找到，并且和其他分店相比，这家店更偏女性向一点。因为许多作品并没有自己的主题专门店，周边商品除了会在发售时开通邮购渠道外，实体店的销售大多都会选择在Animate。

08 高达咖啡厅

《机动战士高达》的主题咖啡厅位于秋叶原站电器街街口，店中摆放了很多钢普拉模型，菜单中也隐藏了很多作品中的元素，你能点到哈罗蛋卷、哈罗咖啡、高达大判烧（车轮饼）等，连正餐（如汉堡扒）都有“联邦军”的标志，而洗手间更贴有“马沙专用”等。

09 AKB48咖啡厅

偶像团体AKB48（AKB就是Akihabara的缩写）的主题咖啡厅，总是挤满了来为偶像应援的粉丝。如果运气好的话，甚至可以在店内活动中见到AKB48的成员。这里会定期推出与成员相关的新菜品，每当与本命（最喜爱的偶像）相关的菜品出现在菜单上的时候，粉丝们便会变得狂热不已。

10 万世桥

万世桥是秋叶原的地标建筑，从秋叶原跨过这座桥来到靠近神田的一侧后，不知道为什么气氛就变得突然冷清起来，据说这里的地下有一个隐藏的“万世桥”车站。

11外国御宅朝圣者

在秋叶原的路上总是能够看到打扮成动画角色的外国游客，大家的脸上都写着“东京真是个自由的国度，太好了”。

两年的秋叶原生活

大学院的开学典礼要求穿正装，我却因为搬家而没办法事先准备，只好借了友人的特大号西服凑数。经过这件事，我深刻地体会到量身定做西服正装是多么重要。

我的大学院D校不偏不倚就处于秋叶原的中央地带，于是我在接下来很长的一段时间里都和秋叶原朝夕相伴，动漫作品中的御宅天堂就这样顺理成章地变成了我生活中的一部分。一想到很多人心目中的“麦加”变成了不去不行的地方，我不禁十分开心。

据说秋叶原这一地名源于已迁至他处的秋叶神社。安西水丸的书中写道，这名字实际的由来和一次乌龙有关——明治二年（1869年）的江户城大火过后，明治天皇在这里建立了一座镇火神社，民众误以为请来的是那时候的防火之神秋叶大神，便将避难空地称为秋叶原。所以在江户时代以前秋叶原也是不存在的。

“二战”之后，随着经济的复兴，贩卖各式各样的电子机器、零件（硬件）和软件等的商店聚集于此，秋叶原遂发展成世界知名的电器街。随着贩卖游戏软件的商店的增加，销售ACG作品中人物模型的商店的开设，秋叶原变成了御宅族们心中的天堂。看来，虽然名字源于一个误会，但这里的确是被某些力量所庇护了呢！

人的心，只有靠『人』才能感动！

D大学的校长

秋叶原的传奇人物，提出了“Cool Japan”的概念，主张用亚文化发电。抛开这个宣言不谈，他可能是唯一一个会在办公室里放电吉他音乐的校长。

为完成而完成的作品，还不如不做。

我的导师O先生

他的多媒体艺术课每次都让我兴趣盎然，上课时仿佛乘坐在驶向20世纪70年代的时空穿梭机上。但是他却被许多学生称作魔鬼教师，因为他一下子就能辨别出没有诚意的研究课题和论文，并打回去要求重做。

没有夜生活的秋叶原电器街

秋叶原电器街大多都隶属于外神田，JR电车线路的电器街出口是神田一丁目，北侧的中央大街东边是四丁目。外神田这个名字是江户时代对神田川北侧的称呼，其范围涵盖了一丁目到六丁目。一般人们习惯逛的电器商业街就云集于此。

每天上午的法定营业时间一到，人们就如同从四面八方的车库里奔出的电车一样，在外神田的街道上穿梭。一旦到了夜晚10点后，街道就会变得异常寂静，完成了通勤任务的电车们纷纷被送回检验。

在这片区域里，光是SEGA（世嘉公司）的大楼就有四栋之多，还有新开的集卡拉OK和游戏厅于一体的Adores、面向专业玩家的HEY（Hirose Entertainment Yard）、以太空侵略者作为商标的Taito Station等。

薛定谔的零钱天国

秋叶原扭蛋会馆（秋葉原ガチャポン会館）位于秋叶原站附近的小巷中，虽然店面不大，但五脏俱全。店内有500多种扭蛋机，每个月还会更新50多个品类。除了动画和漫画周边，还有一些奇怪的、不可描述的东西。

被默认为日本特产的扭蛋机据说来源于美国，早在20世纪前叶就出现并被广泛应用于售卖面向儿童的商品——泡泡糖、点心、小玩具，但那时候商品外部并没有胶囊式的蛋壳包装。

在20世纪中期，扭蛋机被引进日本，才诞生了胶囊式的扭蛋。

扭蛋的不确定性和轻赌博性质，一下子让人们欲罢不能。

抓娃娃机（UFO Catcher）

朋友中总是会有那么几个抓娃娃高手

游戏厅中最吸睛的就是世嘉发明的抓娃娃机了，它的门槛低、体验感强，让我经常毫无防备地一掷千金。

据说它起源于美国的自动售货机（Miami digger），由于看上去赌博感十足，一些制造商就顺着这个方向走了下去，在售货机里加入类似挖掘机臂的工具。后来经世嘉改造，就有了现在的抓娃娃机。

大头贴机（Purikura）

游戏厅里少不了的这台神奇的机器能够让你的照片变得更具二次元感。可以把眼睛变大，把腿部拉长，还可以拿笔在上面涂鸦。拍大头贴实际上也像是一种赌博，赌在快门按下的那一瞬间人的表情到底如何刹车，赌你原本的脸在机器中被放大后的扭曲程度。最早的大头贴机是在1995年登场的，已经有20多年的历史了。

プリクラ（purikura）其实是プリントクラブ（printclub）的略称。看看自己半年以前和朋友拍的大头贴，90%的人都会止不住感叹“那时候真是年轻啊”。

秋叶原无线电会馆

最早的无线电会馆建造于1962年，现在已经被翻新后的新馆所代替。老会馆本来是贩售电器产品的大厦，在20世纪80年代个人计算机发展的时候，变成了值得纪念的个人计算机发祥地。2011年，老会馆终于寿终正寝，由于不符合抗震标准又日益陈旧而被强制拆除。拆除前，一直被锁住的8楼和顶楼终于被开放了，和这幢建筑一起成长的店主和店员们、一直爱着这幢建筑的常客们，和同它初次见面的新客人们，在这里齐聚，并最后一次干杯。

24小时的唐吉诃德

秋叶原最尴尬的时候是晚上10点以后——没有地方可以逛。

每每夜课结束，在外神田的马路上流连忘返时，唐吉诃德[1]（被我们略称为Donki）就成了我们打发时间的好去处。这幢杂货店大楼包罗万象，吃的穿的玩的都有，并且24小时营业，商品的平均价格对于留学生来说十分便宜实惠。

我第一次看到卖给男人穿的女仆装和水手服也是在这里，当时还大惊小怪地拍了照。后来才知道这里是购买万圣节道具的天堂，细致的店家简直把可能的装扮都变成了商品，让大家省去了自己设计制作的时间。

坐电车回家时，脑中还回荡着商店喇叭里反复播放的店内主题曲，给人一种针对观光客的特卖场的感觉。

“Don don don don ki donkihote（唐吉诃德的日文发音）……（接着是一串意义不明的中文）。”

1 秋叶原的唐吉诃德还是AKB48发迹的小剧场所在地。

贩卖怀旧概念的便宜小零食

便宜的万圣节装扮

随便试用的化妆品（有点不卫生）

秋叶原的常住民们

秋叶原电器街上人来人往，但是总有些每天都徘徊在某个街道的常住民们，就像是冒险游戏中的NPC（非玩家角色）。他们常住于秋叶原这一秘密基地，一起构建和维系着属于这里的一种文化，在一间间店铺或是小房间里与往来的人们分享自己的喜好。

在D校上课的时候，总是听到老师们谈起从前的秋叶原（很多老师都和秋叶原有着不解之缘）。在很多20世纪80年代在秋叶原工作过的人眼中，那时候的秋叶原充满了“工作”的氛围。和现在观光客云集的样子不同，那时的街道上遍布着卖电器零配件、半导体收音机、组合音响的商店，和寻找它们的人们。但是现在，这里变得更像是一个让人不得不担心“接下来会变成什么样”的、乘着时光机飞速前进的天空城。

骨灰级御宅族

御宅族是对于喜爱的文化和作品，带着极大的虔诚和热情去珍惜和守护的一批人。

御宅族（オタク）原本是敬语（お宅），类似于见面称呼“您”。

想象一下在因同样的爱好结成的小群体里面，大家互相用尊称来称呼对方——“您这模型做得真好。”“您这次的同人本真的是太好了，实在是合我心意。”

同国内宅男宅女的家里蹲属性不同的是，御宅族并不是抗拒社交的，而是积极参与到和相同爱好者的交流活动中。这种对喜爱之物的专精钻研，就是“mania”（狂热）的精神。

至于御宅族的服装品位总是很难得到提升，原因在于，在这类以动漫和游戏为核心的爱好者们对作品中的虚拟角色投入感情后，会非常喜爱角色的服饰，所以他们往往在现实中用相同的服饰装扮自己，即便现实中的和作品中的很有差距。并且，出于同理心和自尊心，御宅族们通常不会互相指出对方衣着上存在的问题。（精神才是重点！）

时髦御宅

将爱好呈现在自己的衣着上，虽然被很多传统的“创作宅”戏称为“消费宅”，但很多平成一代（日本1989年以后出生的人）都倾向于“将作品的精髓合适地呈现在穿着上”，也想改变御宅族在主流媒体中的土气印象。

也有一部分人扮时髦的企图太过明显，有点矫枉过正。

秋叶原的女仆们

在外神田的街道上，每天都能见到很多穿着女仆制服（或者其他cosplay服装）散发传单的姑娘。可能是女仆制服让她们显得十分年轻和有少女感，有的甚至像是高中生！（上图是穿着@homecafe制服的女孩子，这家店是秋叶原规模最大、连锁店开得最多的女仆咖啡厅。）

陪同友人几次来到这种似乎是亚文化标杆的咖啡店，我更清晰地明白了一件事——“主人”和“女仆”间这种同日常生活分割开的、魔法般的不平等关系，实际上就同拿铁咖啡上的奶泡一样脆弱。如果你希望获得料理中的魔法，那么就诚心诚意地向女仆们比出“爱心”的姿势，喊出“萌え萌えキュー（可爱可爱）”的咒语，如果一无所求的话，这个仪式就只是你在异国他乡的文化体验罢了。

秋叶原的帽子屋

在外神田巷子里一家被留学生戏称为“鬼佬烤肉”的土耳其烤肉店旁边，有一家不是很起眼的帽子屋。在服装品位剑走偏锋的秋叶原街巷中，这家店好像是走错了片场一样，充满了一种“正常人标准”的时髦气息。这家店的老板，我叫他帽子屋的山田君。和这家店的邂逅使大头围的我终于买到了帽子。既然买了就要了解，所以我真的在这家叫作“知识”的店里学到了知识。

很多朋友问我，为什么走在东京的街上能看到那么多人戴帽子呢？因为对于很多东京人来说，帽子就像是第二种发型。头发的造型有限，但世界上能买到的帽子可是无穷无尽的。

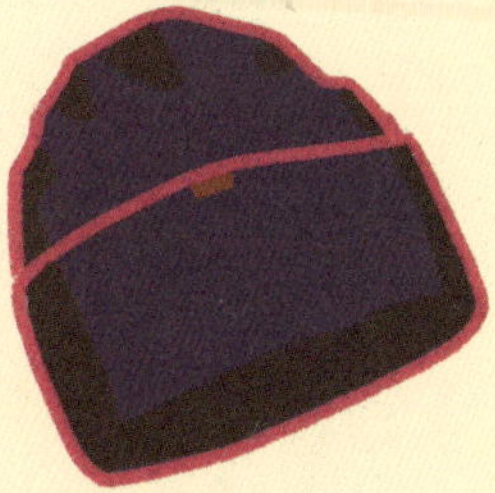

针织帽（Knit Cap）

针织帽的造型比较简单，中世纪时已经出现了类似的款式。当时只有学生和平民会戴这种帽子，所以它可以说是蓝领阶层的象征。图中是又保暖、又接地气的经典款。

报童帽（Newsboy Cap）

流行于19世纪末20世纪初的北美洲和欧洲，不仅是小报童的标配，也受到其他行业人士的青睐。很多狩猎的人也会佩戴。

平顶硬草帽（Boater）

用植物纤维做的草帽，凉爽透气又大方得体，大量出现在19世纪初欧洲的社交场合中。平顶草帽既绅士又可爱，当时很多的寄宿男校也将它作为夏日的制服帽。

苏联毛帽（Ushanka）

苏联毛帽是苏联军方的防寒帽，特征是皮毛和耳罩，被大量使用于苏联军队，也有诸多民用版本。

草帽（Straw Hat）

草帽是一种宽檐帽，通常由稻草和芦苇编成。它可以保护头部、防止中暑等，据说起源于厄瓜多尔的民族服饰，在欧洲和亚洲沿海也大面积流行。当然，说到最有名的戴草帽的角色，就不得不提到某位想当“海贼王”的男人啦。

货车帽（Trucker Cap）

起初这类帽子是饲料公司的宣传品，用来向农民和货车司机推销产品。其后，在21世纪初期的街头时尚潮流中风靡一时，和棒球帽并驾齐驱，成为休闲风格的头上王者。

棒球帽（Baseball Cap）

棒球帽的起源和流行与美国棒球运动的发展紧密相连。早在19世纪末期，随着棒球文化的壮大，棒球帽也就成为年轻人们的时尚必备品，百搭又俏皮。戴上它的人无论年龄大小，看上去都会自带青春气息。

渔夫帽（Bucket Hat）

渔夫帽最早起源于20世纪初的爱尔兰，在20世纪60年代作为流行的电视剧中的服装道具而走红，成为当时的女性时尚单品。

露营帽（Camp Cap）

露营帽流行于20世纪60至70年代的柏林和伦敦，当时的单速自行车运动员都会戴这种帽子，露营帽也就从此流行了起来。

浅顶软呢帽（Fedora）

浅顶软呢帽在第二次世界大战前就被公务员和上班族所喜爱，因其历史性和艺术性，被很多电影戏剧所采用，现在也是潮流人士的必备单品。

贝雷帽（Beret）

其雏形起源于15世纪的法国，最早作为军队的制服帽被佩戴则是在英国。贝雷帽流行于第二次世界大战期间，现在在世界多国军队中也被广泛使用。因为其帅气的造型和历史，贝雷帽成为街头的宠儿。

蒂罗尔帽（Tyrolean Hat）

蒂罗尔帽最早起源于奥地利的蒂罗尔，那里的农夫都会戴这种帽子。它从20世纪60年代开始作为时尚单品登场，起初流行于德国，后来作为登山专用帽被很多人所喜爱。

圆顶礼帽（Bowler Hat）

圆顶礼帽于19世纪后开始普及，主要因其造型类似上流社会的大礼帽，但价格却低廉很多。它在世界上广为人知，还得归功于喜剧大师卓别林。

大礼帽（Top Hat）

1920年以前，这种帽子属于欧美上层男性和政治家的标配。1920年之后，大礼帽只出现于特别正式的场合。当时的大礼帽都是丝制的，价格十分昂贵，现在却成了艺人的道具。

钟形帽（Cloche Hat）

钟形帽在19世纪20、30年代流行于美国，其设计师是法国人，帽子的名字也是来源于法语里的“钟”——cloche。钟形帽在当时人气爆棚，甚至发展出一种专门配合这种帽子的发型。

无线电帽（Radio Hat）

这种帽子真的存在过吗？！！

原宿
はらじゅく
Harajuku

第四站

原宿

Harajuku

最新的和最旧的

人类对于改造自己的想象力居然能这么丰富

它不仅仅是山手线上人声鼎沸的一站，

更是日本潮流的前线基地。

Harajuku Map

01 Design Festa Gallery

位于里原宿的这间免费入场的画廊，是为年轻艺术家展现自我所打造的空间。它原本是一间老旧公寓，经过改造成为一座拥有21个展示空间的小型综合美术馆。室内空间以白色布景为主，以便搭配任何形式的展品。参展者除了能在Design Festa Gallery进行更多的艺术交流以外，也可以在这里自由贩售艺术作品。

02 表参道Hills

比起Laforet和Tokyu Plaza百货，Hills里的空间就宽敞多了。商店位于地下3层和地上3层之间，设计师在建筑物中央空出来的部分设计了一条全长700米的螺旋式坡道，顾客可以沿着这条连续坡道购物和用餐。

03 猫街

一条可以从原宿步行到涩谷的街道，街上有很多品牌服饰商店以及时髦的咖啡厅。虽说是“猫”的街道，但是猫街一点也不狭窄，作为步行街来说这里比竹下通等地方都要宽敞，又不显得松散。

04 Kawaii Monster Cafe

原宿对于很多人来说像是“可爱的怪物”，这家咖啡店就是将这种印象具象化的产物。其设计师和原宿观光案内所的设计师是同一人，所以店里充满了搞怪元素以及色彩斑斓的设计。店员都打扮成怪物女孩的样子，饮料和食物也十分“刺激”。

05 原宿观光案内所

这座色彩斑斓的建筑位于竹下通的对面，由各种玩具零件拼凑而成的世界时钟十分显眼。建筑内部提供免费wifi和充电设施，以及观光手册和信息查询等服务，还贩卖关于原宿的各种纪念品，由制作了卡莉怪妞的ASOBI SYSTEM一手打造。

06 Tokyu Plaza

与Laforet百货相对的Tokyu Plaza百货商店，其入口处布满了万花筒般的玻璃镜，从楼前经过的行人、去往商场的顾客，都能拥有千变万化的镜像。

07 黑人小哥

游荡在竹下通的黑人小哥们，偶尔会向看起来像游客的人搭讪，目的基本上是兜售或真或假的潮牌服饰。因为他们的动作很夸张，所以有时候会让人稍感困扰。

08 竹下通的女学生

除了观光游客以外，竹下通最多的就是穿着各种学校制服的中学生。可爱廉价的服装店和饰品店，以及好吃的甜品总是有无穷的吸引力，让我不禁想到了北京的西单和天桥市场，以及10年前的自己。

09 竹下通入口

游客云集的竹下通入口，经常更换标牌上的装饰物。

表参道
千代田线
南青山的潮人们
南青山
表参道Hills
OMOTE SANDO HILLS
02
BILLIONAIRE BOYS CLUB
A BATHING APE
TOKYO BOPPER
Santa Monica
里原宿
原宿の母 ¥500
TOO FAST TO LIVE
CREAM SODA
TOO YOUNG TO DIE
猫街
03
Supreme
NEIGHBORHOOD
原宿通り
Goro's本店
01
Design Festa Gallery
04
もしもしにっぽん
05
原宿观光案内所
Kawaii Monster Cafe
Tokyu Plaza
06
SALE
P's-first
明治神宫前
副都心线
黑人小哥
猫咖啡
Laforet
harajuku CHICAGO
涩谷站
07
09
TAKESHITA
爆米花店
芝加哥古着店
竹下通入口
代代木公园
08
竹下通的女学生
山手线
原宿站
代代木站
明治神宫

2012年的时候，“原宿”这一地名说起来也是在年轻人当中非常有名的。它不仅仅是山手线上人声鼎沸的一站，更是日本潮流的前线基地。

在没到东京之前，我就听说了很多关于原宿的传说，而且通过各种杂志和网媒看到了那些原宿街头的人们的穿着，它们总是让我惊叹，人类对于改造自己的想象力居然能这么丰富。

每一次到原宿，仔细一看，街道的某处可能就悄然发生了变化。虽然记忆已经模糊，但是现在的原宿和我初见它时可是完全不一样的。不管是矗立的建筑，还是流动的人群，每隔一段时期，就会和以前不太相同，大家仿佛在追逐着一个变化多端的神明，想尽方法模拟它的样子。

这样的街区孕育了常在这里穿梭流动的各种各样的人，他们以及他们所返还给街区的量变和质变，都给了我很大的鼓舞和震撼，从而也开始思考衣着和所处的时空之间的联系。

从最古老的车站开始

据JR东日本消息，为了迎接2020年的奥运会，这栋建筑可能会面临被改建的命运

记忆回到第一次坐车到JR原宿站[1]，充满大正风情的车站让我突然感动不已。

古老的挂钟和手写的“原宿站”牌匾都与周围的现代建筑和道路形成了鲜明对比。

虽然原宿在潮流尖端的印象已经深入我心，但探索原宿的第一步，却是要从有百年历史的木造车站开始，这一点还挺奇妙的。

1 原宿站于1906年（明治三十九年）10月30日启用，当时位于比较靠近代代木的地方。其站舍于1924年（大正十三年）竣工，是东京现存历史最悠久的木造车站建筑。

竹下通：幼稚鬼的街道

JR的原宿站有两个出口，一个是木造的表参道口，还有一个就是正对着竹下通的竹下口。

拥挤的竹下口总是聚集着很多观光客，在周末更是水泄不通，所以如果不是非要去的话，我一般不会选择从这个口出站。

这条街的历史要追溯到19世纪80年代，它原来的名字叫作“竹下町”，在“二战”的时候曾经被焚毁成平地，战后经复建成为平和的住宅区。至于成为代表年轻人文化的重镇，那是从20世纪60年代开始的。

当时竹下通以低价贩卖日本或欧美高级品牌的仿品而闻名，山寨和假货盛行的状况直到进入2000年才有所改善，这和日本的“竹之子”一族的兴衰也息息相关。

我在中学时期曾经一度沉迷于《KERA》以及《ゴスロリ》等青少年时装杂志，杂志中模特们的视觉

系装扮让那个时候的我十分向往，而这些杂志介绍的店铺大多都位于竹下通。

虽然已经过去了很多年，那些表面看起来“反骨的”“装饰化的”风格已没有那么吸引我了，但是第一次来到这条街时还是有一种终于见到了老朋友般的感动。

虽然一路上商店橱窗中的廉价饰品、哥特服装和水手服专卖店以及艺人的周边商店，还有敞开门的店铺里传出的高音量音乐，都不可避免地让“成熟”人士将竹下通戏称为“幼稚鬼的街道”，但是在经济还没有独立的时候，在廉价市场中拼命寻找可以让自己显得与众不同的衣服，想要将对这个世界的态度，用自己的方式呈现在自己身上的这种阶段，一生中可能只有一次吧。这样想想，投向竹下通的目光也变得柔软了许多。

Laforet

孕育原宿流行文化的“森林”

位于表参道和明治通交叉点的Laforet百货大楼（Laforet是法语中“森林”的意思），被称为原宿时尚风向标。正如其名“森林”一样，它囊括了很多设计师品牌，如同森林里有许多自然生长的树木。而这座“森林”距今也有将近半个世纪的历史了，原宿同它一起成长，并且一起进化着。

入驻这里的品牌每年都有更新，贩售的时装以女装为主，但也会有少量男装和中性化的品牌。

每一层的品牌都会有不同的主题，比如地下是洛丽塔风格的店，2层到3层是新锐设计师买手店等。

很多在原宿的时髦男女，其实都是服装品牌店的店员

同时位于顶楼的Laforet Museum也作为画廊和活动举办地，举办过许许多多有趣的展览和时装秀。

在每年的新年第一天和夏季里，这里就会变成一幢会尖叫的建筑。无论是来自争抢福袋的少女，还是来自努力工作的店员，那些充满戏剧化的欢呼声和叫卖声都会从6层楼的窗户中溢出，重重地砸在过路行人的脑袋上。

大家对新衣服的渴望果然不可小觑！

GORO'S

原宿的传奇

在表参道，总能看到一群排队坐在林荫小路旁栏杆上的人，过一会儿，队伍就稍微移动一下，队伍前头的几个人消失在一栋橘黄色的小楼里。基本上每个排队的人，脖子上或是手上都佩戴着几串印第安风格的银饰。

“这可是原宿的灵魂呢。”朋友说。

什么是原宿的灵魂？现在想想，可能就是这一片区域孕育出的不屈不挠和永远前进的设计师们背后的精神力。高桥吾郎就是其中之一。

大家去买一个品牌的商品，除了视觉上的吸引力以外，更多地是去买它背后的故事和它所体现的态度。

作为一个日本人，却被印第安文化吸引的高桥吾郎，在印第安部落里学习了制银工艺，也有了自己的印第安名字。

在我知道这个品牌的时候，它在人们的谈论中已经是如同艺术品般的存在了。

在日本看到并不属于日本的文化被大家所接受，想想觉得很有趣。也许国界只是个政治概念，但文化是流动的，而带着无形的精神力流动的，还是人。

“去买的时候，可是要看眼缘的。”

我有些朋友去高桥吾郎的店里买过东西，如果穿着和言谈不得当，还会遭遇闭门羹。

仔细想想，的确有道理。若是我用尽生命的力量学会了一项技能，而我的作品就是我的付出和生命的结晶，自然不想把它卖给投机倒把的人。

当时我暗自想着，如果哪天我需要那份力量的话，就去排队。

但可惜的是，一年后高桥先生去世了，这个计划也就随之搁浅了。

爆米花店的长长队伍

原宿的甜品文化

每当我想念某个地方，关于那个地方的记忆就会通过视觉、听觉、嗅觉涌现出来。

关于原宿的嗅觉记忆，则是车站前那令人忘不了的爆米花香气。

叫作Garrett Popcorn的爆米花专门店门前总是排着长长的队伍，太妃糖的甜香在表参道的空气中弥漫，附着到街上人们的身上。

无论是在里原宿的小巷还是竹下通和猫街，各种各样的甜品店就像有着神奇魔力的气味妖怪一样，诱惑着闻到它们味道的猎物们。

再见长发

在原宿的街道上，经常会有美容院的员工四处寻找合适的美发模特

2012年是玛雅预言里世界末日来临的年份，另一种说法是，2012年是新纪元到来的时间点。

在这个时空更迭的交叉口，有些人选择疯狂购物，把银行卡里的钱都花完，有些人则是用毕生积蓄开始环球旅行。若说我在那时候还有什么愿望没完成，也就是后悔自己还没有试着剪过短发了吧。

世界末日的节点给了我勇气和马上付诸实践的行动力，毕竟记录自己此刻和世界之间的联系的，就是眼下的衣着和状态。

代代木公园

永葆青春的大舞台

在原宿站下车，向南走不远就能到达代代木公园。

在一个地方活动久了，如果发现周围有个公园，对这里的好感度就会不知不觉提升很多。

每个周末，在代代木公园的入口处都能听到喧闹的洛卡比里摇滚乐。

一群（甚至更多）大概40岁以上的人伴随着劲爆的音乐起舞，他们大多穿着皮夹克、牛仔裤，梳着复古的庞毕度头。

有人说他们已经这样跳了30多年了，这一点让我非常感动——30多年都没有因为音乐理念不合而分道扬镳，真的是千金难求。

向公园内走的时候，还能够遇到更多有趣的人，比如用自制的乐器演奏的旅行音乐家，还有在公园中遛各种宠物的人等等。

不愧是东京最大的公园，能够见到的稀奇事儿也是比一般的公园多不少。

当然，代代木公园最棒的还是在樱花盛开和下雪的时候，宽阔的草坪就好像一位慈爱的母亲，张开怀抱对所有人说："来吧，在这里你可以像小孩子一样尽情打滚。"

每年我都会在生日那天来这里野餐，并且在草地上打滚（我不会像其他人那样在赏花和赏雪的时候打滚）。5月末的绿草地就像绒毯一样，音乐从四周传来，空气中植物和食物的气味融在一起，也许还有人们身上的气味。来自不同国家、在不同地域成长的人们，也各自带着不一样的气息。

"也许正是和人的气息混合在一起，公园才更令人安心吧。"

小知识：明治神宫的初诣

鸟居

原宿站在地铁系统里也叫明治神宫站，因为从原宿站下车就能够到达明治神宫的入口。

每年新年伊始，日本大大小小的神社都会迎来很多人参拜，祈愿一年的平安。除夕（日本使用西历，这里的除夕是指12月31日）的时候，很多人看完“红白歌会”（相当于中国的“春晚”）后就到神社去听新年的钟声和参拜，这就叫初诣。这一晚的电车通常彻夜运行。

我一般都会去离住处比较近的明治神宫。

明治神宫像一个森林公园，坐落于喧闹的原宿。在平日，一旦穿过入口的鸟居，就仿佛来到了另一个世界。值得一提的是，这里的木制鸟居使用的木材都来自台湾。

从代代木到原宿的路上遍布着参天古木，树冠遮天蔽日，一路鸟啭莺啼。在夏季，有时还会升起一股神秘的雾气，使前方的路变得模糊。通往神社的路也相对漫长，让人不禁在行走中有种仪式感，我认为万物确实有它的灵性，既然来到一个新地方，那么还是要好好地和这片土地上原生的万物打个招呼。所以看到比较正式的神社，我都会去拜一拜。

手水舍

进入神社之前先要在手水舍洗手、漱口，清洁自身。

正确的流程是：用勺子取一瓢水，先洗左手，再洗右手，然后将水倒在手里漱口，在再洗一次左手之后，以勺子中剩下的水清洗勺子。

参拜的时候，往钱箱里投掷的一般是5日元或者50日元，因为寓意好，5日元和结缘（ご縁）在日语中的发音相同。

绘马

在神社的小角落里，经常可以看到一些画着画的小木牌挂在架子上，上面写了很多人的心愿，有时候也有些故意抖机灵的内容。那些小木牌被称作绘马。

传说以前马是神明的坐骑，所以很多信徒将马献给神社，但是神社的面积有限，马的饲养成本又高，因此马就被形式化了，以木马、纸马代替之，最终形态就是现在的绘马。

每次在绘马上写心愿还是挺有趣的，偷看别人的心愿就更有趣了。

购买御守的窗口和巫女姐姐

很多人在参拜之后会去求签，而我一般只在年初求签。每个神社的签都不一样，但签上的内容基本都是一些暗示和指点。

关于签的好坏顺序，一般的神社分为：大吉、中吉、小吉、吉、末吉、凶、大凶，还有的神社据说分成了12种。

很多人会将坏运气的签绑在神社里，据说这样就可以化解厄运。绑签的地方叫结所（結びどころ），也有人说好签坏签都可以绑起来，总之自己开心就好，没有必须遵从的规定。

神签　　开运靶[1]　　福扇　　福矢　　干支铃

很多人去神社会买一个护身符，有的是为了保佑自己，有的则是单纯觉得好看。

据说护身符需要一年一更新，人们可以在新年伊始到旧护身符的购买地去把它处理掉。神社在那时会设置一个叫作“古神纳札所”的地方，将旧的护身符，或者其他守护物品丢进去就可以了，类似于还愿。

不过因为旧款的设计太好看而舍不得还愿的事也时有发生，看看自己存了一堆的护身符，就好像是买了一堆“神明”偶像的历年周边。

1 开运靶：日语写作“開運的”，“的”即箭靶中心之意。

关于参拜神社，其实很多日本人也不拘泥于所谓正确的仪式，大家抱着心意到就可以的心态，创造了很多自成一派的参拜法。

正确（瞬间让同行人以为自己是内行）的做法是：

1 稍微鞠躬行礼

2 安静地投入钱币

3 摇1至3次铃铛（铃铛有击散恶灵和净化的意思）

正殿

4 深深鞠躬两次

5 拍手两次,双手合十祈祷

6 最后鞠躬一次

TELEPHONE
一番街
SHIMOKITAZAWA
SALE
MILITARY CLOTHES
STORE
CHICAGO
CHICAGO

第五站

下北泽

Shimokitazawa

遇见下北泽小王国

和下北泽邂逅的那个午后

车站前的小铺、随处可见的涂鸦、街头巷尾飘荡的咖啡香气、午后的广播音乐、

蜿蜒的不知通往何处的小巷，还有不知从哪里传来的乐队的排练声……

这些声音、气味和光线都巧妙地在那一瞬间构成了一段完整清晰的记忆。

JAZZ
HIP-POP

Shimokitazawa

01 随处可见的水烟店

下北泽青年的社交离不开水烟店，往沙发上一躺一吸，混合着水果味和甜香的水汽就这么钻入口腔。不会上瘾、没什么尼古丁、想怎么吸就怎么吸，十分适合不喜好香烟的我。一般来说，店里的客人们都处于一种放松的状态，所以吸着吸着陌生人就成了朋友的情况是很多的。

02 Weekend Record

黑胶唱片店也是下北泽的代表之一，如同古着一样，音乐也像是一段段被贩售的历史。这家店的店主从纽约回到日本，由于拥有很多珍稀唱片，这里总是吸引着各国的音乐发烧友前来淘宝。

03 New York Joe Exchange

这家古着店由一家澡堂改造而成，至今店内还保留着水管和下水道的痕迹。"exchange"（交换）的奥义就在于其独特的收购衣服模式：供货方可以获得店内贩卖价格30%的提成，也可以换取店内的其他衣服。最酷的还是在每个月的第一个星期日，全店的衣服都会以半价出售。

04 Village Vanguard 餐厅

杂货店Village Vanguard旗下的西餐店，招牌是美式汉堡系列，店铺被装修成了美国西海岸的风格。

05 一人漫才

在下北泽的街道上，有时候会看到年轻的搞笑艺人以街道为舞台，一个人表演单口相声。如果段子足够好笑，街道就变成了剧场，不禁让人感叹下北泽不愧是戏剧之城啊。

06 キネマ俱乐部

从楼下的招牌就能够看出店主一定是寺山修司的忠实粉丝，店内的装修也延续了天井栈敷馆（寺山修司的剧场）的风格。

07 Magic Spice

拥有极高人气的汤咖喱名店的下北泽分店，总店位于北海道札幌。店中的装潢是充满了宗教色彩的东南亚风格，菜单上还有"魔法药草"等字样的神秘涂鸦。用鸡骨或牛骨加上大量蔬菜熬制而成的汤汁，以辛香的咖喱调味，浓郁鲜香，且根据辣度的不同分为"觉醒""冥想""闷绝""涅槃""极乐""虚空""天空"七个等级。

08 半兵卫居酒屋

诚如招牌上的"薄利多卖"，半兵卫的宗旨就是价钱合理，且装修非常有昭和时代的气息。烤串的价格甚至低至一串50日元，酒水的价格也都是良心价，在这里一边喝酒吃串，一边欣赏墙上张贴的复古电影海报，听着演歌，可谓十分惬意。

09 本多剧场

作为戏剧之城下北泽的地标，本多剧场位于东京小剧场群落的中心地带。在楼下一层的杂货店Village Vanguard里，有各种有趣的书籍和音像制品售卖。自名为"可以玩耍的书店"的这里每每让我流连忘返。

10 黑川食堂

南口商店街的一家由农家直接提供食材的定食店，它最棒的就是蔬菜和水果主题的自助餐。

11 小熊卡拉OK

不知道是不是因为针对学生的优惠政策，下北泽的许多非连锁的卡拉OK一般要比东京市中心的其他店便宜许多，即使是唱通宵也不会贵到哪里去。

12 庚申堂

在下北泽南口商店街的尽头有一间神秘的小祠堂，走近了才看到说明牌上写着这是座庚申堂，作为这里的地标建筑保佑着旅行者的安全和居民的健康。

Map

东北泽站
鈴なり横丁
ザ・スズナリ
シアター
NEW YORK JOE
EXCHANGE
1楼是饮食街
2楼是小剧场
01
随处可见的水烟店
Weekend
Record
02
03
SALE!
神奇可丽饼
Flamingo
每月
第一个周末
打折的
古着店
05
一人漫才
东洋百货店
山角
定食
山角定食店
浪漫
キネマ倶楽部
キネマ倶乐部
Village
Vanguard
餐厅
04
Hoochie Coochie
古着店
06
Magic Spice
07
新代田站
下北泽站
08
U.S.ARMY
本多劇場
VILLAGE VANGUARD
半兵卫
薄利多賣
池之上站
昭和
Village
Vanguard
杂货店
半兵卫居酒屋
本多剧场
たこやき
やきそば
黑川食堂
黒川食堂
09
10
Bears
カラオケ
ダーウィン
12
庚申堂
达尔文的房间
小熊卡拉OK
11
世田谷代田站

3階
SHOPPING CENTER
下北沢南口商店街
黒川食堂
本多劇場
古着
USED
OPEN

埋在下北泽城下的下北泽村

从新宿站搭乘小田急线，乘坐快车的话只需要三站便可到达下北泽，从涩谷站出发的话只需要乘井之头线一站便可到达。

我初见下北泽是在2012年，那时的车站还是木造的，充满了昭和气息。实际搬过来住是在两年之后，车站已经咣当咣当地开始整修。京王线和小田急线似乎在下北泽打起了无形的拉锯战，在施工墙的背后进行着一场较量。

现在的下北泽变得更有名了，车站的建筑风格发生了天翻地覆的变化，街上的“非下北泽人”也越来越多了。但我还是时不时地想起当初和下北泽邂逅的那个午后，车站前的小铺、随处可见的涂鸦、街头巷尾飘荡的咖啡香气、午后的广播音乐、蜿蜒的不知通往何处的小巷，还有不知从哪里传来的乐队的排练声……这些声音、气味和光线都巧妙地在那一瞬间构成了一段完整清晰的记忆。

我想，是不是所有第一次来到下北泽，并经历过这样一个午后的人们都和我一样萌生了一个念头——将来一定要住在这个城中国里，并祈祷命运的红线将自己的日常生活和这里连接起来。

“下北泽”并不是一个正式的行政区划名称，它包含了世田谷区的代泽和北泽等地区。熟悉它的人们简称它为下北（しもきた）。但是在古时候，这里确确实实存在过下北泽村（原武藏国境内）。

随着近代日本经济的发展，下北泽车站附近的农地逐渐变成住宅区，不久后发展出“下北泽文人区”，横光利一、东乡青儿、宇野千代、萩原朔太郎、斋藤茂吉等文豪都曾居住于此。下北泽地区也是萩原朔太郎作品《猫町》的故事舞台。

就算现在走在住宅区或是商业区的路上，我依然能感觉到，这里的城市规划绝对不是大都市级别的，否则就不会有那些歪歪斜斜、宛如迷宫的阡陌纵横。

东京的犄角旮旯和小巷特别多，但最为复杂密集者，莫过于下北泽一带。自然生长的街道交会在一起，如同迷宫一般，超乎任何都市规划者的想象。如拉面般相互交错的街道令一些人着迷，却也让很多司机和路痴无可奈何。若说下北泽有什么不便利，就是在这里很难打到的士，因为车真的很难开进下北泽。

小剧场、live house（小型现场演出场所）和艺术场所像藏在拉面中的笋干一样潜伏其中，无论怎样的“怪咖”都可充分融入这个地区。但在很多规划者眼中，这些小巷迷宫是潜在的火灾现场，也是严重的交通拥塞区，是必须解开的死结。

政府在1946年进行的城市规划中，原本打算修建一条大路穿越下北泽直通涩谷，但在执行中遭到当地居民的极力反对。几经变化后，这项计划被重新提上日程。现在的下北泽站已经开始向着现代化的风格转变，“原住民”们是否能接受，也是留给时间的问题。

也有人说，下北泽再开发案的问题绝非“下北泽人”与“外来者”之战，而是来自社区和社区之间发展愿景的差异。

戏剧之城的居民们

“二战”后，在下北泽的城市建设中，商业购物区的比重越来越大。自本多剧场建成投入使用开始，小剧场与音乐表演场所陆续出现，下北泽成为充满戏剧、音乐以及亚文化的地带，吸引了许多爱好戏剧及音乐的年轻人，同时也引来了很多外国游客。

据说当时建立本多剧场的本多一夫（他也是个演员！）曾经说过，想把下北泽变成戏剧之城。那么现在的下北泽正如他所愿，不管从剧场的数量还是从氛围来说，都十分“有戏”。

下北泽有很多不同类型的live house，相应的乐队排练室也非常多。因为下北泽“学生之街”的属性，所以比起其他地方来说排练室更加便宜，也能经常见到背着乐器正在去排练室和live house的人们。

每到傍晚，会有上班族白领穿过下北泽回家。和东京的其他地方不同，他们的一袭西装在下北泽的街

伪装成“下北泽人”的非下北泽情侣

上会显得格外扎眼。因为在很多人眼中，下北泽的街道是“日常服的街道”“自由的街道”。

这里很少有白领们喜欢光顾的连锁式居酒屋，街上更多的是学生和艺术家最爱的B级美食餐饮店。“B级美食”一词最早出现在1985年的美食杂志《东京美食通信》的《B级美食的逆袭》一文中，指日常生活中那些既便宜又好吃的大众料理，其中有很多都融合了各地方的特色，可以说是庶民文化中的骄傲。

为了符合下北泽的风格，特意穿搭成复古样式的年轻人们陆续从车站涌出。

很多人会将下北泽介绍给没有来过的人，往往都不会令对方失望，但是会导致下北泽的游客越来越多。经常到了凌晨三四点，街上还能见到活蹦乱跳的学生和外国观光客。

南口商店街的漫画说书人

就像是不定期出现在游戏中的隐藏角色一样，一位神秘的漫画说书人会时不时地出现在南口商店街的入口。

虽然他留长发、蓄胡子，走浪人路线，但看上去并不像上了年纪的人。他叫东方力丸，是一名漫画说书人。他的面前总是像摆地摊一样摆放着很多漫画书，引得很多人驻足。只要支付一定的费用，就可以让他充满激情地讲说书中的内容。

东方先生的嗓门儿很大，可谓震耳欲聋，经常让路过的行人吓一跳（在讲说动作漫画时尤甚）。我不禁想起自己小时候看漫画时，也经常有感情地读出来，看不懂的内容瞬间就变成生动的画面呈现在眼前。在书面文字变成现实的声音后，漫画的内容也变得更好理解了呢！

童话般的可丽饼店！

下北泽的西口附近（井之头线的西口）都是安静的住宅区，但仅仅几条街之隔就是云集了很多古着店的街道。

在我当时居住的公寓旁边，有一间可丽饼店总是排着长队。窗口放置的旧电视一直播放着很早以前的迪士尼动画，窗户上贴的都是这家店被电视台报道时所拍下的照片，有的已经泛黄。

店主是一位神秘的女士，从窗外的照片上可以看到她年轻时的美貌。面无表情地默默做着可丽饼的她，有时候被朋友戏称为“可丽饼皇后”。

吃过她的可丽饼之后，全东京的可丽饼在你面前都显得逊色。

饼皮毫不黏腻，奶油清淡但醇香，草莓奶油卷简单又美味。它给人带来的好心情可以持续一下午，且基本款只要300日元左右。

有一天，我终于忍不住对可丽饼皇后说：

“真的很好吃！”

她笑了，原来不笑的人笑起来都意外地好看呢。

下北夜
20
24 コンビニ
CLOSE

下北泽不夜城

现在想想，每个住在下北泽的日子都发着光，有的是午后的阳光，有的是夜晚的霓虹灯。下北泽就像是一个理想城，每个人看起来又自由又丰富，就算是在凌晨4点回家，街上也不会冷清。

街头巷尾的每个地方都会上演人生戏剧，在这街道舞台上人们时而号啕大哭，时而开怀大笑。

这样的生命力与活力是我最喜欢的。

比起人们喜爱的下北泽的文艺气息，还有那些别有风情的小店，我更喜欢下北泽的人。

说到底，环境也是人造就的，反之人也会被其他人造就的环境所影响，人们其实就是在委婉地通过环境做着交流。

如果介绍下北泽时，仅仅停留在消费层面，那可就太肤浅了。但我还是必须要介绍以下的店铺。

下北泽寻宝记

东洋百货店

位于下北泽南口的这间像秘密仓库一样的百货店，就像是下北泽商店的代表一样，无论这条街发生怎样的变化，它都是一个永恒的地标。

昭和年代的海报，以及店头的涂鸦小火车都是这家综合型百货店的标志。

这里入驻了20多家风格各异的服饰店、古着店，丰富的内容要进入“魔窟”的大门后才能够感受到，而这种感觉的确也是最“下北泽”的。

达尔文的房间

从下北泽的南口沿着商店街一直走到“饺子王将”，街对面的一家神秘小店被绿色植物包裹着，十分醒目和养眼。“好奇心之森Darwin Room”是这家店的名字。

被吸引着推开这家店的门，屋内陈列的各种动物的骨骼标本、矿物、化石，以及大量的珍贵古籍和文具映入眼帘，仿佛真的来到了达尔文的秘密研究室。所有的线索互相联系，总会让你有新的发现。

不用特意去博物馆，就能看到标本化石，以及承载地球历史的书籍和文献，就像是拜访一位在下北泽商店街隐居的怪博士，还可以在他家靠窗的座位上惬意地来一杯咖啡。

Flamingo

是东洋百货店旁的一家非常醒目的古着店，其店头摆放的火烈鸟非常惹眼，正如这家店的店名——Flamingo。

它的理念是打造“身边的vintage shop”，所以在下北泽一共有两家分店，在下北泽以外，譬如吉祥寺和原宿等地区也有分店。店里所陈列的古着单品，都是经过在欧洲和美国的专业买手精心挑选的，确保其独一无二，就连家具也是从国外运输回来的古董家具。

值得一提的是，Flamingo的remake（用古着进行再剪裁改造）古着都是由设计师一针一线纯手工制成的。

微型显微镜

前后移动可以发出有趣的声音来吸引鸟类的发声器

Flamingo的古董眼镜种类齐全，总会有一款适合你

在下北泽买古着！

曾经对古着有很多误解的我，到了下北泽才明白它的意义。

“古着就是二手衣服吗？错了，你买的是一段逝去的历史。”

古着，还是会被很多人误解为普通的二手衣服，甚至是危言耸听的“洋垃圾”。但是它的原文不是second hand clothes，也不是old clothes，而是vintage clothes。vintage这个词在形容衣物的时候（vintage的原意是葡萄酒酿），是指那些超过30年，具备年代特征的，且仍具有审美价值的艺术品。

专业的古着店，会对于固定年代的衣物有着严格的买进制度，也会对衣物进行严格的消毒。许多几

十年前美好的设计和绣花技术，现在都不复存在了，而古着就像是流动的博物馆，诉说着某个年代、某个地区的历史，仿佛可以通过它穿越时空和过去握手。对于研究服装发展的人来说，很多昔日的款式和工艺，也是非常值得研学的。

穿上这些衣服，你可以带着属于过去的岁月进入现在，也可以和它们一起走向未来。

走在下北泽的街道上，林林总总的古着店让我不禁感叹“人们真的很需要衣服呢”。拥有承载着一段历史的老衣服，成就一个新颖的自己，这不是很棒嘛！

静电的心头好

飞行员夹克 MA-1（Bomber Jacket）

购于下北泽Chicago（芝加哥）古着店，秋冬必备单品，在东京可以看到男女老少都在穿。其防寒性能非常棒，短款也非常方便行动。电影《这个杀手不太冷》里，玛蒂尔达穿的也是这款外套。

横须贺夹克（Jampaa）

是一种带着像日式文身图案般刺绣图案的夹克，最早的穿着者是“二战”后的驻日美军，所以夹克最早是在横须贺基地周围销售。由于带有帅气的日本元素，横须贺夹克在美国大兵中变成了超有人气的土特产，其热度一直延续至今。

背带长裤（Denim）

背带长裤由20世纪中叶的美国工装进化而来，是一种源自不时尚的时尚。本来是以功能性为主的实用装，现在却成为街头时尚的宠儿。

童子军衬衫（Boy Scout Shirt）

卡其色的童子军制服始于英国，流行于美国，是很多人儿童时代的记忆，肩章和徽章代表着荣誉。

水手服（Sailor Suit）

并不是学生穿的水手服，而是真正的海军制服。是充满了少年感的正统军装。

静电的古着 Q&A

在日本买古着，你可能会有这样的问题。

Q：古着店一般多长时间上新一次呢？

A：每家古着店其实都不太一样，有的每天都会陆陆续续上新品，有的会在一段时期里大批量上一次货。大型的古着店会随着季节和潮流更新货品，个人古着店的话……还是去问问店主吧！

Q：假如买了古着发现上面有洞，想退可以吗？

A：古着店的基本规则是不退不换。所以，在付款之前要非常仔细地检查。每一件古着单品都不同，需要在理解这个常识的前提下购买。当然，网购的话另当别论。

Q：我想卖自己的古着要去哪里？

A：个人的古着店一般都有自己的进货渠道，所以基本是不接受个人供货的。但是很多有规模的古着店都会标出想要收购什么品牌的古着，有的时候还会高价买取特定的品牌。但是如果不是名牌衣服，就不太可能卖很多钱。

Q：古着总是有特有的味道，怎么去掉?

A：这应该是在很多古着店你都会闻到的“古着店味儿”，其实大部分是用于防虫或驱虫的线香的味儿，用漂白剂洗涤就会去除。但我个人很爱闻!

Q：如果标签上的尺寸适合自己，可以直接买吗?

A：也许标签上的尺寸合适，但是很多古着因为洗涤和老化，形状有所改变。很多欧美服装的尺寸和亚洲的尺寸也不一样。并且大多数古着店都是不退换的，为了防止不合身，还是试一下比较好。

Q：古着店之间，价格差异好大啊!

A：古着的售价，是涵盖进货价、跨国运输费等的一个综合定价。很多古着店都会从欧美进口衣服，牛仔裤的进货价在1000—20000日元，T恤是500—5000日元，外套是3000—25000日元，知名品牌或者设计师品牌另说。需要综合比较。

Q：穿古着之前是否需要洗一下?

A：事实上，好的古着店都会把衣服清洗完毕再进行售卖。但还是要小心对待，注意重要部位的味道和污渍，仔细检查。当然，有人会觉得只有自己洗过后才能安心上身。洗一下肯定是没有坏处的，但是如果是和服的话，最好拿到专门的地方干洗（血淋淋的教训）。

第六站

中野 Nakano

让时光逆流的神秘惊喜箱

MANDARAKE
LUCKY BOX! NEW YEAR

中野可是一旦走进去，就很难走出来的魔窟

能邂逅中野（确切地说是中野百老汇），多亏了导师的强力推荐，

正如他所说，到了中野后没有一个小时，是出不了商店街的。

Nakano Map

01 中野百老汇

位于Sunmall商店街尽头的复合型建筑，于1966年开业，现在已作为亚文化购物圣地而被熟知。

02 穿得过火的外国御宅族

在接近百老汇的地带，有些来朝圣的外国御宅族就已经穿上了奇装异服。

03 中野居酒屋街

被东京人称为中野居酒屋街（中野飲み屋街）的北口饮食街，紧邻商店街，各种店铺一间挨着一间。白天的时候会看到工作人员穿梭于小巷中准备食材，到了晚上，这里就会变得灯红酒绿。

04 东映动画株式会社

成立于1948年的老牌动画制作公司，亦是日本历史最悠久的动画制作公司。东映动画的第一套剧场动画为《白蛇传》，而第一套电视动画为《狼少年Ken》。很多著名的动画师，例如宫崎骏、高畑勋、芝山努、大冢康生等人都曾在此就职。

05 中野太阳广场

位于中野站北口附近的太阳广场（Sun Plaza），拥有流行音乐人举办过音乐会的演唱会大厅，以及酒店、餐厅、咖啡馆、宴会场、婚礼礼堂、研修室、运动俱乐部、录音棚和保龄球场等。如果你想入住中野，无论是周围的住宅还是酒店都是很好的选择。

06 中野Sunmall

中野站北口的对面就是全长224米的拱廊商店街：中野Sunmall商店街（中野サンモール商店街）。商店街里有拉面店、寿司店，还有时装店、小钢珠店、按摩店等，由于拱廊遮风避雨，所以这里全天候地挤满了当地的居民和游客，热闹非凡。

07 买菜的老奶奶

在充满生活气息的中野，经常能够看到推着小购物车行走在商店街中的老奶奶，她要用买来的食材给家里做一道怎样的菜呢？不知不觉中我因为这种小小的幸福感而变得安心起来。

08 站前广场上的鸽子

中野站前的广场上，常年卧着很多肥肥胖胖的鸽子，冬天的时候就会变成一个个“鸟球”。

Bar Zingaro
大怪兽沙龙
空想科学
BROADWAY
中野百老汇
穿得过火的外国御宅族
01
02
ここは ちの55番街
中野居酒屋街
03
Girls bar
焼肉冷麺
飲み放題
KOKUSAI CENTER
TOEI
东映动画株式会社
07
买菜的老奶奶
04
台北の味
カレー
寿司
老舗の味
Pachinko
アコム
中野太阳广场
05
06
中野Sunmall
ちょっといい一番街
站前广场上的鸽子
08
JR中野駅
发传单（纸巾）
中央线
中野站
高円寺站
东中野站

中野Sunmall

“中野可是一旦走进去，就很难走出来的魔窟！”我的导师O老师对我说。

能邂逅中野（确切地说是中野百老汇），多亏了导师的强力推荐，正如他所说，到了中野后没有一个小时，是出不了商店街的。

中野距离新宿只有JR中央线急行一站的距离，但相比新宿灯红酒绿的繁华商店街，一下车就能感到这里扑面而来的生活气息。站前的商店街与和它只隔了一条小巷就变得僻静的住宅区，完美地调和着衣食住行的平衡，动与静在这里平稳地相互过渡着。

中野百老汇：恋物者的天堂

从中野站下车，穿过非常热闹的中野北口商店街走到尽头，就来到了中野百老汇的入口。

如果说秋叶原是御宅族的活动中心，那么中野百老汇就是他们的殿堂了。无论你喜欢模型、漫画还是古书、人偶，都可以在这里找到自己喜爱的情怀小店。

像是被封存的陈酿一样，各种年代的文化沉淀物在这里持续发酵，甚至孕育出了一种会掏空钱包的妖怪。同渐渐变薄的钱包相对的是手中逐渐增加的重量，入驻中野百老汇的每家店里都盘踞着一只妖怪，用一双无形的手拨动着顾客物欲、情怀和占有欲的琴弦，演奏出一首叫“请花钱”的曲子。

百老汇的历史

名字洋气的百老汇其实是一个综合型商城，可以住也可以逛，当然，很多顾客并不知道它那可以住的部分。它在1966年建成并投入使用，这里原本居住了很多有名的艺人。

楼下的4层入驻的都是小商贩，贩卖一些传统的小商品（就像北口商店街一样）。在20世纪80年代末期，由于店主们的高龄化和商品种类的单一化，这里甚至在营业时间都没有顾客，有些店主索性不开门，或者将店铺迁出。

直到后来Mandarake（一家专门售卖二手漫画的旧书店）的连锁店来到这里，百老汇才迎来了它生命中的第二春。很多空闲的店铺正好被用来销售动画、漫画、游戏的衍生品和古董书籍。慢慢地，这里就变成了各种文化的资深爱好者们的聚集地，也是海外御宅们寻宝的金矿。

但是近年来有人居然用“这里堪比秋叶原”来形容中野，让我很是不开心。

在20世纪80年代末期，随着电子游戏机的发展，御宅文化圈才开始向电子产业极其发达的秋叶原转移。在此之前，秋叶原只是一个以贩卖电器元件而著名的商业区，而中野可是在那时就已经成为发烧友的聚集地了呢。

百老汇的宝贝们和劫钱的妖怪

百老汇每间店铺的橱窗都充满了琳琅满目的商品，一般售卖玩具或书籍的店，都会将稀有商品陈列在橱窗中吸引人们的眼球。无论是玩具店还是书店，百老汇的每一间店铺都术业有专攻。不知不觉中，来访者好像陷入了一个神秘的消费泥沼。当然，并不是说每个人都会被拖入泥沼，但是这么多有趣的物品都汇集在一起……难免会被其中一样戳中吧！

中古玩具

从机器人到铁道模型，再到美少女手办，每个风格不同的店都各有千秋，最棒的就是可以恰好遇到自己正在寻找的！有一间叫作变屋的店铺中的铁皮玩具，最贵的可以卖到上百万日元。

中古赛璐珞画

早期日本的动画是在赛璐珞片上制作原画的，所以一部片子拍下来，就会耗费大量的赛璐珞片。百老汇有一家店专门贩售它们，其中经典的画面会卖出不菲的价格。

古董人偶

在百老汇有一家叫作中野Vintage Mall的博物馆般的古董商店，其橱窗中栩栩如生的古董人偶让人很难不驻足。店里被标注减价的人偶，看上去十分逼真，像是恐怖电影中经常出现的附着灵魂的人形容器。在其他的中古店中，也经常能够看到手工制作的各种各样的人偶。

古董游戏机、卡带

买中古游戏和游戏机是逛中野百老汇的一大乐趣。除了你想要的，也会有意想不到的惊喜从这里蹦出来，店里还总是弥漫着一股好闻的桃子味。

中野TRF街机斗技场

百老汇4层有一片区域总是非常喧闹，一排排的格斗游戏街机拥挤地排列着。专业的解说人士和Niconico（一个线上影片分享网站）的实时直播、专业的gamer（玩家）和围观群众组成了一个袖珍的赛事现场。

“这个年代还有在街机上打游戏的人吗？”

“也就只有在日本了吧！”每次和朋友过来时，他们都发出由衷的感叹。

虽然自己在街机上玩游戏也就像是不久前的事情，但转眼间已过去将近10年了。

占卜屋

中野百老汇如同迷宫般的构造，让人觉得好像在下一个转角遇到什么都不奇怪。在这样的御宅大楼里，不但入驻了中华料理店、天妇罗店，还云集了泌尿科、皮肤科、牙科等专科医院，实在让人摸不着头脑。

在楼层的角落里有几家占卜屋，营造出更加奇怪的气氛。定下神来细细打量上面写的字，从暗恋到三角恋，甚至是关于不伦恋的占卜套餐应有尽有。

据说在东京有超过1万名活跃的占卜师，有西洋风格的塔罗牌、水晶球摆一桌的，也有看手相和风水的。特别有意思的是，很多地方都有个算命极准的神婆被誉为“xx（地名）之母”，比如中野有“中野之母”，新宿有“新宿之母”，原宿也有“原宿之母”。不知道把这些“母亲”的力量集结起来会发生什么事。

中野的人们

Mandarake 的店员

在百老汇，你会看到很多Mandarake的店员穿着cosplay（角色扮演）的服装——因为只要穿上它们，时薪会增加10%。

嬉皮醉汉

中央线沿线的嬉皮士就像是这条文化线路的特产，高円寺和中野站的站前商店街和酒吧街将他们灌醉，让他们在街头自由地和一脸问号的游客们干杯。

欧美观光御宅团

最近源源不断地增加的欧美游客占了百老汇客人中相当一部分的比例，很多人毫不避讳地把极其夸张的“痛T”穿在身上，穿梭在各种二手游戏店和周边店中。他们看到心爱之物的夸张反应和过度拍照的行为往往也令百老汇的常客莞尔一笑。

在中野百老汇，经常可以看到一些有如宇宙飞船内部指挥室一样的地方，甚至还可以在墙上看到仿真的外星人标本，但里面其实是Mandarake员工的办公室，注意不要误闯！

“中二”末期的mania青年

在百老汇经常可以看到的一些外表平平无奇的青年。他们眉头紧锁，带着使命感和奇怪的紫黑色气场，穿梭于二手同人店和街机斗技场，偶尔会对观光客和初级“小宅”释放“敌意”。

坊主Bar：美酒和佛缘都是食粮

一直觉得在日本做和尚算是个美差，不仅酒肉都可以沾，甚至可以结婚生子。宣传佛教的形式也多种多样，甚至可以借助现代艺术和电音。

在中野就有一家坊主Bar（即和尚酒吧，坊主在日语中是和尚的意思）。在偶然的机缘下，我和几个朋友结伴拜访了在中野深巷中的这家店，据说可以和住持畅谈，还可以咨询人生问题。进入店中一下子就能注意到摆在桌上的菜单封面，印着“佛说 创作饮料经”几个字，像是经书一样。

酒水的名字也十分有趣，价目表上的“円”也被改成了“缘”——看你愿意付出多少“缘”来求佛缘了。

在这样的酒吧中，人与人的距离会一下子被拉近。朋友们其实都各怀心事，但又不好意思真的找住持谈心，几杯酒下去，反倒是各自把心门打开了。

我却和在店里打工的小姐姐聊了起来，没想到聊着聊着，就开启了新世界的大门。我突然意识到，居住在东京的人们，就像是这个城市的交通和建筑一样，是立体的、多维的。

至于是怎样的新世界呢？故事的舞台就要转移到之后我会讲述的叫作莺谷的地方了。

坊主Bar的“花酒菜单”

爱别离苦（あいべつりく）

“相见是告别的开始”，知道这一点之后才能理解一期一会（いちごいちえ，源于日本茶道的词语，意思是在茶会时领悟到这次是无法重来、一辈子只有一次的相会，故宾主须各尽其诚意）的意义。这个世界上没有所谓的永远，为了增强对哀伤的免疫力，请喝下这杯味如悲伤泪水的鸡尾酒吧！

配方：红朗姆酒、樱花酒、柠檬汁、红莓汁、马拉斯奇诺樱桃。

涅槃寂静（ねはんじゃくじょう）

这杯酒带你体验像是顿悟后的释迦牟尼体验到的那种风平浪静的境界，让你拥有即使面对死亡也能微笑的超然之心。

配方：紫罗兰香甜酒、樱桃白兰地、红莓利口酒、安格斯图娜苦酒、豆奶。

色即是空

色即是空（しきそくぜくう）

用双色调酒法调制，向碳酸系鸡尾酒中注入《般若心经》里的智慧，搅拌过后，请用舌尖体验如同水墨扩散般的浓淡变化。

配方：黑加仑伏特加、黑凤梨利口酒、安格斯图娜苦酒。

空即是色

空即是色（くうそくぜしき）

由色入空，顿悟后，让这杯酒带你再次返回混乱的尘世，不过心境定会焕然一新。

配方：梅酒、紫苏汁、白兰地、安格斯图娜苦酒。

第七站

上野

Ueno

文化公园城中城

の森
中華料理
東京都美術館
アメ横
上中
博物館

整个上野公园区
是一个艺术乐园

这里的美术馆和博物馆像星云一样聚集在一起，

就算从开馆就开始参观，

到了闭馆时间恐怕都没办法把所有的展览看完。

莺谷站
山手线
周末有很多人
在这里练习乐器
东京国立博物馆
东京都美术馆
国立科学博物馆
05
TICKETS
车站内的售票亭
02
上野大佛
合格
情迷大熊猫
上野恩赐公园
01
上野东照宫
东京文化会馆
UENO STATION
上野站
五条天神社
03
04
上野之森美术馆
银座线
京成上野站
アメ横
御徒町站
不忍池
06
热闹的阿美横丁
要赶在闭馆之前
全都参观完啊！
上野广小路站
在阿美横丁可以吃到
各国的街头小吃
SALE
ALL 1000円
閉店
New Fruit

Ueno Map

01 情迷大熊猫

作为上野动物园的招牌，你可以在上野的车站内、公园附近等各种地方看到印有大熊猫标志的路标、土特产、小吃等等。自大熊猫1972年首次在日本上野动物园展览至今已有40余年，而熊猫也在无形中成为上野动物园，甚至是上野的一种象征。

02 上野大佛

位于上野恩赐公园内的上野大佛，原本是一尊高约6米的释迦如来坐像，1923年关东大地震的时候大佛的头被震掉，1940年又因为战时需要金属，除保留了脸部外，其他部位全都被熔化。但因此脸也就不会再“落地”，恰好是“不落第”的谐音，现在变成了祈求考试合格的地方。

03 五条天神社

供奉五条天神的神社，可以保佑人们平安健康、病人早日康复。

04 上野站

上野站作为一个枢纽车站，从明治时代以来就以东京北大门的形象担负着迎送旅客来往日本东北等地的重任。一直到20世纪90年代初，东北新干线的终点站才从上野站延伸到东京站。因此，对很多老一辈的人来说上野站就象征着东京。

05 车站内的售票亭

如果不想在参观美术馆的时候排队买票，也可以选择在车站内购买。

06 不忍池

位于上野恩赐公园内的天然池塘，每到夏天荷花盛开，池畔青柳低垂，鸭子游水嬉戏，让我不禁产生回到了北京的错觉。

上野公园：找寻藤野先生的足迹

记得上学的时候就在鲁迅的《藤野先生》里读到过关于上野公园的描述：

东京也无非是这样。上野的樱花烂漫的时节，望去确也像绯红的轻云，但花下也缺不了成群结队的“清国留学生”的速成班，头顶上盘着大辫子，顶得学生制帽的顶上高高耸起，形成一座富士山。也有解散辫子，盘得平的，除下帽来，油光可鉴，宛如小姑娘的发髻一般，还要将脖子扭几扭。实在标致极了。

到了21世纪的现在，每逢樱花烂漫的季节，花下也聚集着很多中国观光客。上野公园尤其如此，每次在这儿漫步，几乎忘记了自己实际上身处异乡。时不时有一两句中文飘入耳中，映入眼帘的不忍池中的荷花和池畔的柳树，让我觉得实在太像在北京的公园了。

在樱花盛开时期的阴天传来的钟声，是来自上野抑或是浅草。

——松尾芭蕉

上野花见[1]：在东京樱花的起源地

在樱花盛开的3月末到4月初的时节，上野公园中的中央大道就变成了樱花大道。男女老少在樱花树和灯笼下从早到晚野餐饮酒，庆祝春天的开始。

日本樱花季烂漫的花海得益于染井吉野樱花种的传播，虽然现在大家已经把赏花当作了传统，但其实这种樱花的历史并没有那么长，它是园艺专家运用杂交技术培育而成的。

江户时代以前，日本人所赏的只是花期很短的山樱，直到上野地区的染井吉野樱有了一定的规模后，日本各个地方才开始引进这样的花种。

听说上野公园是日本的第一座公园，历史可以追溯到江户时代。

这里本来叫作上野之山，虽然并没有崇山峻岭。这里一直是位于江户城东北边的“鬼门”宽永寺的领地，也是江户人一直以来的赏花胜地。明治元年（1868年），由于战争，这里大部分建筑都被烧毁了。后来在讨论城市规划时，这里差点成为医院的属地，幸而有一位前来视察的荷兰军医博杜恩博士强烈反对，并建议保留这里的自然风貌，让上野成了日本近代的第一座公园。

为了感谢这位“上野公园之父”，当地政府于1973年在上野公园里修建了一座他的铜像，结果放好了之后才发现雕像是按照博杜恩的兄弟的照片做成的，直到2006年才被替换成正确的。

1 花见：日语写作“花見”（はなみ），是赏花的意思。

赏花准备小贴士

樱花限定酒（限定酒）：很多日本的酒类品牌，都会在花期推出樱花口味。实际有没有樱花味并不清楚，但是包装一定会有樱花元素。

花见便当（花見弁当）：赏樱时大家吃的便当，基本上会有鸡蛋烧、炸物、沙拉、肉丸等菜品。使用应季的蔬菜和肉类制作的赏樱便当，其实也没有稀奇之处，但看上去一定要喜庆和美丽，才能配得上漫天的灿烂樱花。

樱花饼（桜餅）：是用盐腌制过的樱花叶包裹的糯米饼，糯米饼里夹的是豆沙馅儿，味觉层次十分丰富。

花见团子（花見団子）：赏花时吃的王道糯米点心——粉色代表樱花，是春天的气息；白色代表雪，是对冬天的惜别；绿色代表艾蒿，是夏之将至的征兆。

花札（はなふだ）：日本的一种传统游戏纸牌，卡片上画有12个月份的花草，每种各4张，共48张。我第一次见到这种纸牌游戏，是在《樱花大战》游戏中，不过似乎最擅长花札的角色是一位叫李红兰的中国人。

鸡蛋卷（出し巻き卵）：用鸡蛋液摊成蛋皮，再一层层卷起来的食物，其中"出し"就是出汁的意思。鸡蛋卷一层层的，吃起来口感非常好。

坐垫（クッション）：由于野餐布是直接铺在地上的，而赏花的地方又在公园的树下，地面难免凹凸不平，所以还是坐在垫子上比较舒适。

饭团（おにぎり）：野餐时的常规食物，朴素的饭团管饱又好吃。

上野：大博物馆乐园

如果有一天我只能选择从早到晚待在东京的一个地方的话，那么答案毫无疑问就是上野公园了。

从时间安排来看，选择上野是因为这里的美术馆和博物馆像星云一样聚集在一起，就算从开馆就开始参观，到了闭馆时间恐怕都没办法把所有的展览看完。说是待在一个地方，更像是环游了世界。

整个上野公园区就是一个艺术乐园——实在要感谢文明开化的明治时代，让各种博物馆和文化设施在这里荟萃一堂。

现在走在上野公园的林荫大道上，看学吹奏乐器的学生在大喷水池旁边认真练习，或是在不忍池里悠

闲地划船，都很难想象在过去的一个多世纪以来，这里遭受了好几次致命的打击——1923年的关东大地震中，这里变成了无家可归的人们的避难所；20世纪40年代的时候，这里也遭受了空袭，很多地方被夷为平地。但是每次被毁坏之后，上野公园就会向着更好的形态进化一次。

东京国立博物馆的第一任馆长曾经表示过，想要将这里建设成为“大博物馆区”，现在的上野是随了老人家的愿望了。

静电的美术馆笔记

东京国立博物馆

开馆时间：1872年

东京国立博物馆位于东京台东区上野公园北端，内有本馆、东洋馆、表庆馆及法隆寺宝物馆4个展馆，共43个展厅。博物馆的主体建筑由象征日本历史的建筑物构成，历来被称为“美术馆建筑与博物馆建筑的博物馆”。本馆分类展出了日本美术品、出土文物、工艺品；东洋馆中陈列着亚洲、埃及等地的美术品和考古文物；法隆寺宝物馆中收藏有7至8世纪奈良法隆寺中的宝物约300件。馆内时常举办专题展览以及跨学科的展览。

国立科学博物馆

建馆时间：1877年

日本最大的自然科学博物馆。

对我这种从小就热爱参观各种自然博物馆的人来说，这个博物馆几乎完美地满足了我对自然科学的好奇心。国立科学博物馆分为日本馆和地球馆两个部分，其中日本馆还可以在谷歌地图上免费被预览。

地球馆中自然少不了我最喜欢的恐龙化石和其他动物标本！

东京艺术大学美术馆

开馆时间：1999年

顾名思义，这里收藏着各种东京艺术大学（东京艺术大学，简称东艺大，是日本国内历史最悠久的艺术类高等学府，也是日本唯一的艺术类国立大学。从这里毕业的坂本龙一、村上隆、东山魁夷、野村万斋等都是享誉世界的艺术大家）毕业生留下的优秀作品，范围非常广泛。馆内共收藏了超过2万件的艺术品。

东京文化会馆

建馆时间：1961年

从JR上野站的上野公园出口出站，探索上野公园内部时，首先要经过的就是这幢建筑。它是东京都美术馆的设计师前川国男的作品，是东京都交响乐团的演出场所，也是很多海外艺术团来日公演的主要场所。

它与勒·柯布西耶设计的国立西洋美术馆相对，被称作东京的文化山。

国立西洋美术馆

建馆时间：1959年

馆内藏有收藏家松方幸次郎的收藏和美术馆购入的从文艺复兴时期到20世纪初的西洋艺术作品，包括4000多件珍贵的西洋绘画、雕塑等，比如罗丹的《思想者》、鲁本斯的《丰饶》、雷诺阿的《阿尔及利亚风格的巴黎舞女》，以及以高更、莫奈为首的印象派画家的绘画作品。可谓十分丰富。

美术馆的建筑设计者是勒·柯布西耶（Le Corbusier），他是法国建筑师、室内设计师、雕塑家、画家，20世纪最重要的建筑师之一、功能主义建筑流派的泰斗，被称为“功能主义之父”。

国立西洋美术馆是亚洲藏品最丰富的西洋美术馆之一。

东京都美术馆

建馆时间：1926年

馆内藏有井上武吉的《My Sky Hole 85-2 光与影》（美术馆前的大金属球）等12件雕塑品，以及36件书法作品。

美术馆的建筑设计师是日本著名的现代建筑设计师前川国男，他的作品多是充满活力的大型朴野主义建筑群。

东京都美术馆是日本第一个公立美术馆，举办过很多公募展和企划展。它最大的特点是常常举办一些厉害的企划展，比如凡·高展、蒙克展等，同时也为油画、日本画、书法等很多美术团体提供公募展的场地。它自开馆起，就设立了书法展、院展、二科展等展览会场。

上野之森美术馆

建馆时间：1972年

这是日本美术协会经营的美术馆，自开馆以来向游客展出了许多日本重要的文化遗产，并参与策划了很多国际级别的展览。

这里每年都会有本馆独有的作品募集和展出，同时它也会跟随时代的脚步，举办一些跨界展览和新锐艺术家的个展。比如“新世纪福音战士与日本刀”“进击的巨人”等新颖的展览，其中2008年举办的井上雄彦画展打破了美术馆观展人数的最高纪录。

熊猫熊猫！上野动物园！

从上野站下车的时候就是满眼的熊猫图案，熊猫可以说是上野的吉祥物了。

上野动物园开园的时候，还是明治时代的1882年，经过相关人员近一个世纪的努力，终于在1972年，园区迎来了十分稀有的熊猫。

上野动物园的各种宣传页面上，全部是关于熊猫的讯息，其他的动物好像变成了陪衬一样。但其实除了熊猫之外的动物也是很可爱的呀！

日本第一座猴山

上野动物园的猴山建造于1931年，是日本的第一座猴山。猴山里圈养的都是日本猴，因为冬天的时候它们的身上会披满白雪，所以也被称为雪猴。日本猴的特征是拥有厚厚的被毛，脸部和下腹部是红色的。在樱花盛开的季节里，猴儿们还会捡食飘落的樱花。

指猴

被称作Ayeaye的这种小猴子，来自马达加斯加的热带雨林。

全日本只有上野动物园的野生动物馆里才会有这种被称作“恶魔的使者”的小猴子。仔细看的话有点像《魔戒》里的咕噜姆。

鲸头鹳

在上野动物园可以看到这种长得很“邪恶”的大鸟，据说是世界上现存脑瓜儿最大的鸟类。

鲸头鹳在暗中观察猎物的时候可以保持几个小时一动不动，表情十分有趣。它捕食的对象非常多，从鱼类到鸟类，甚至连幼年鳄鱼也在他的菜单上。

北极熊

在上野公园仔细看了一下才知道，其实北极熊的毛并不是白色的，而是透明的。原来，北极熊的皮肤是黑色的，而毛是无色的空心管，因为粗糙不平，附着了很多藻类和杂物，所以才在光线下呈现出白色。

阿美横丁（アメ横丁）迷宫

在日文中，“アメ”（Ame）的发音与“糖果”的发音相同，也有人说阿美横丁的名字来源于America。

在“二战”的时候，这一带是贩卖美军物资的黑市，所以才有了上面的音译解释。

刚来东京的时候，我就被朋友怂恿着来到这里。那时阿美横丁已经是很有名的旅游胜地了，所以一进到高级铁轨下的街巷里，就感觉像是来到了所谓的旅游景点——它和北京的胡同景点很像，有商业化的区域，也有被保留下来的原生态环境。

破破烂烂的干货店、水果摊、冒着烟的烤鳗鱼店和门前排着长队的冰激凌店密密麻麻地排列着，不愧是曾经的“上野黑市”呢。20世纪40、50年代，经常有美国大兵来这里购买和交换货物，所以形成了自由市场。现在也可以在这里看到一些贩卖军需物品和横须贺夹克的店铺，加上食品店、杂货铺——仿佛赛博朋克作品中的庶民街。

不过我认为阿美横丁里最有趣的是，很多小吃摊儿和饭店完全没有本土化。比如中国人开设的贩卖凉皮和煎饼果子的店里，从厨师、服务员到顾客基本上都是中国人，隔壁的土耳其烤肉摊和韩国炸鸡店里坐着的也分别是土耳其人和韩国人。

土耳其大叔：
日本语不会『吃』。

类似的店，我去过那么几次，每次都和店里的服务员一起用蹩脚的日语交流。

“不过，如果店里那个国家的人多的话，就证明这家店很正宗！”泰国的朋友曾经这么告诉过我。

但是当我坐在中国小吃摊儿里，面对一个夹着油条的煎饼时，我对这句话产生了怀疑。

“煎饼里不是应该放薄脆才对吗？”

我想可能是做法不同，但尝了一口油条煎饼后，身为了解煎饼的人的自尊心立刻从食道中升了起来——“为什么这些人要在这里吃饭？”我委婉地打听。

“吃不惯日本菜呗。”

但这些“外国菜”不也是用日本食材和差劲的厨艺烹饪出来的吗？

我不禁陷入了深深的迷惑中。

第八站

涩谷

Shibuya

兼容异文化的大都市舞池

TSUTAYA
NO MUSIC. NO LIFE.
STOP!
CAT

扔掉书本来涩谷冲浪吧！

在我看来，涩谷是最能让人感受到东京真实一面的地方。

也许很多人在第一次来到日本的时候，被其表面的距离感和形式美所限制，很难真正窥见其内核。但是可能某一天在涩谷的街头，因为某个契机，你会忽然发现东京变得非常立体，甚至自己也会变成“东京人”。

Shibuya Map

01 Tokyu Hands

是一家以售卖DIY手工用品为主的连锁家居百货公司，创办于1976年。除了主打的制作手工艺品的工具和原材料外，还售卖日用品、旅行用品、宠物用品、特色伴手礼等。有很多设计师朋友会在这里采购手工艺品的零件材料，经常一逛就是一整天。算上地下两层，涩谷店一共有9层楼，每层还分ABC区域，涩谷店独有的是手工咖啡“Hands Café”、科学区域“Science Base”及手工制作及用品区域“Hands Gallery Market”。

02 Club Quattro

1988年开业，位于Parco百货商店的第4层（Quattro在意大利语中也有“4”的含义）。后来逐渐开设到名古屋、大阪和广岛。如果能在这里举办live演唱会，对于一个乐队来说一定是意义非凡的。虽然能容纳800人的场地并不算大，但是这里可是很多知名乐队诞生的地方。

03 Loft

诞生于1987年的Loft百货主要售卖生活杂货、文具周边、居家用品等。在涩谷的这家店是旗舰店，店门口整点转动的齿轮是这家店的标志。算上地下1层共有7层的Loft，每一层的主题内容都不同，比如厨房、清洁、旅行等。我最喜欢的是顶层的艺术区域，在那里能够买到很多艺术家的周边和合作款。

04 Tower Records

于20世纪60年代在美国加州成立的唱片店，在世界各地均有分店。黄红配色的“No music No life”是它最经典的标志。虽然在美国的主公司已经破产，但是日本的Tower Records由于多元化的经营，一直屹立不倒。涩谷店一直营业到23点，每个店员的音乐知识都十分丰富。店内还会有各种音乐活动，就连大名鼎鼎的Kiss乐队也在这里举行过见面会。

05 饮兵卫横丁

这条小巷兴建于1950年，共有30多家居酒屋在此营业。从涩谷站八公口出来，过一条街道进入巷子就到了。夜晚的小巷里挂满了红色的灯笼，配合着日文汉字书写的酒家招牌，仿佛回到了昭和时代。每家店的面积都不大，有很多常客出没于此。坐在居酒屋里，很容易和制作料理的店长面对面聊天，以他讲的关于这一带的奇闻轶事来结束这一天也是不错的选择。

06 ヒカリエ大厦

这栋和涩谷站东口直接相连的叫作ヒカリエ的大厦，拥有地下3层加地上34层的巨大体量。“ヒカリ”就是光的意思，这幢建成不到10年的摩天大楼在涩谷的夜晚中闪耀着光芒，吸引着对生活质量有高要求的客人。地下3层到地上5层被称作ShinQs，是以20至40岁女性为目标客户的商场，而8、9层则是经常举办时装秀和画展的艺术区域。

07 道玄坂小路

聚集了许多音乐活动场所、居酒屋以及风俗类爱情旅店的小路，每到深夜，空气中就带了些粉红色的醉意。

08 Mark City

与井之头线、JR山手线等相连接的Mark City总被我误认为是车站大楼。但其实上面也有很多服饰、杂货、美容沙龙等店铺，也有一些针对旅客的服务项目，比如寄放行李、换汇等。如果想在车站附近谈事情，Mark City里的咖啡店也是个好选择。

人群冲刷出来的谷地

车站前的忠犬八公雕像！
不知道为什么总有人把猫放在八公脚下，
像是一种神秘的献祭。

在我知道涩谷的时候，它已经是东京青年文化的代表地了。

诚如其名，这里充满了大大小小的谷地。穿梭在涩谷的街巷里，上坡下坡是常有的事。

第一次来涩谷的时候，不夸张地说，就像第一次见到大海。面对着车站外的人群、扑面而来的各种讯息和声音，我的心脏不由自主地怦怦狂跳。人群不断地冲向马路，就像河流不断冲刷着谷地一般。

在涩谷——由稳田川（涩谷川）和宇田川两条河流冲刷而成的谷地里，诞生了东京的未来。现在这两条河已经变成了地下河，在看不到的地方默默守护着这片谷地。

涩谷站前的全向十字路口：万花筒大队

提起涩谷，不少人都会想到这个在很多电影中出现过、世界上最繁华的十字路口（渋谷スクランブル交差点)。

从站前的Tsutaya书店二层的星巴克俯瞰，人群就像万花筒一样变幻莫测，如潮水般袭来又消失。

在同一时间向着不同方向进发，行人与行人之间暧昧地回避着：站在路中央拍照的外国游客、低头前行的上班族、伺机寻找搭讪对象的小青年们。你能看到很多特定职业或者属于某些团体的人身着的特定制服，以及小学生的红书包、初中生的水手服、高中生的制服、蓝领们的阔腿裤、白领们的正装……不仅是“不得不穿的衣服”，也是社会身份的符号。

但是在外国人眼中，这一个个特征鲜明的群体就如同主题乐园，让人不禁想要一探究竟。

看着他们，我也在想，是否有一天会成为某个群体中的一部分呢，还是去创造一个属于自己的“群体”？

109购物大厦：物质女孩们的涩谷时尚纪念碑

提到涩谷的109，很多北京的朋友会将它同西单的明珠、华威商区相提并论，二者确实有相似之处——女孩子能在这里以合理的价格买到不落伍于欧美流行时尚的衣服。

很多人对涩谷时尚的想象还停留在20世纪90年代至21世纪初Gal文化盛行的时期，停留在辣妹们华丽夸张的发饰、涂黑的肌肤和亮晶晶的指甲装饰上，而109大厦就是这些时髦服饰的宝库。在这里，用比买奢侈品少很多的日元，就可以买到非常时髦的日本品牌单品。

时代的变化总是走在意识之前，现在的109大厦已经褪去了泡沫年代的浮夸，当年的辣妹们也有很多走上了稳定的工作岗位，服装的风格也偏向简约和日常。但是仍有一些喜爱Gal文化的女生，即使已结婚生子，也始终保持着辣妹的穿衣、化妆风格。

从20世纪70年代开始到现在，109大厦给了东京的女孩子们自由想象，以及装扮自己的可能。现在也在不断进化的它，仍然潜移默化地影响着新一代的年轻人们，宛如一座象征女性自由的丰碑。

颜黑（ガングロ）：20世纪90年代末期流行于涩谷的一种独特风格。要求女孩子的皮肤一定要黑，但眼睛和嘴巴部位却要是白色的。这种黝黑的皮肤，有的是在日晒沙龙晒成的，有的则是靠拼命化妆涂黑的。从这种风格衍生出来的Yamanba（ヤマンバ）和Manba(マンバ)，在美黑的基础上走向了一种极端，比如为了符合山中女妖（ヤマンバ）的形象，一定要将头发都漂白挑染。可以说是对主流审美发起了一场挑战。而Manba风格的女孩子就是在此基础上更加大胆和夸张地打扮自己，穿得更少，妆容更浓。

公主洛丽塔（姫ロリ）：顾名思义，"姫"就是公主，"ロリ"就是洛丽塔风格的缩写。它兴起于2000年以后，但是和一般的洛丽塔风格不同的是，这种风格更像是变成Gal的性感小公主风，而不是像一般的洛丽塔风格那样重视华丽和优雅。

Amura/Amulaer（アムラー）：20世纪90年代末期受到安室奈美惠风格影响的一批年轻女性（当时习惯在粉丝的称谓后面加"ラー"作为后缀，大概类似于"player"的"er"），装扮的要点是：茶色的长发、短裙、细眉、厚底靴。

高中生Gal（コギャル）：20世纪90年代中期诞生的风格，从穿着制服的女高中生中开始流行，标志性装扮是染浅色的头发、穿被缩短的制服裙和泡泡袜套，由于有些学校管理严格，不少女高中生们会采用假发片。

涩谷中心街大舞台

我十分尊敬的一位艺术家——日本先锋戏剧的倡导人寺山修司，在20世纪60年代末，将自己的剧团剧场——天井栈敷设立在了涩谷。曾经活跃在新宿等中央线一带的艺术家们以此为契机，渐渐将活动中心转移到了刚刚因为奥运会改造而万象更新的涩谷。

无论怎样的辉煌都会成为历史，而涩谷最酷的一点就是，它的历史可以随时从现在开始。

很多人不喜欢涩谷，因为它的人口密度太大，鱼龙混杂，甚至在夜晚，中心街里巷的垃圾也是随地可见，蟑螂老鼠满街跑。

但是这样的涩谷，却让我觉得非常真实。

中心街除了hip-hop（嘻哈）艺术家以外，还有用各种有趣的民族乐器进行演出的艺术家。比如用迪吉里杜管（didgeridoo，是澳大利亚土著部落的传统乐器，也是世界上最古老的乐器之一）进行的演出，嗡嗡的蜂鸣声让人想起了蒙古族的呼麦。

来到涩谷的年轻人，就像是在追逐着心仪的节奏和旋律——无论是live house、唱片店，还是餐厅和咖啡店，都离不开音乐。音乐是自由的，并且随时随地和环境发生着化学反应。街头就像是一个大演奏厅，艺术家们可以在这里用最直接的方式向街上的人们传递思想。

虽说涩谷有很多hip-hop的俱乐部，但是依然有很多艺术家选择在街头演出，毕竟hip-hop是属于街头的文化。路演对很多音乐人来说，既是一种仪式，也是一种反抗的形式，在我看来他们都是浪漫的。事实上，街头演出在日本的法律中处于灰色地带，因为正式的演出其实需要申请道路使用许可，但这种规规矩矩的方式可就一点都不hip-hop了。

除了传统的音乐演出外，在涩谷街头还可以看到一些奇奇怪怪的演出。

比如Starduck Tony，一位戴着鸭子头套、用一种有趣的鸭子般的声音表演的大道艺人[1]。他的表演除了弹吉他和发出鸭子般的声音以外，还有魔术的成分。开着旅行车的他的目标是环游世界，如果你见到他的话，可以试着按一下他身前的写着“请按我”的按钮。

不和谐之音：星际鸭子托尼

1 大道艺人：指通过在街头表演技艺来维持生计的人，简单来说就是街头艺人。

PARCO

将涩谷变成真正的"公园"

1973年，涩谷的Parco开业了。

可能对于刚刚认识涩谷的人来说，Parco只是个很大的百货商店，但实际上，现在的涩谷之所以如此多元和有趣，是和Parco的存在分不开的。

Parco是一个意大利语的单词，意为公园。

"在涩谷公园大街擦肩而过的那个人，很美。"

这段Parco开业时的广告语，可以说是非常戏剧化和浪漫了。

从此以后，来到涩谷的年轻人可以在这里看到最先锋的设计师品牌，以及享受这里主办的各种艺术活动——画展、音乐现场等。据说20世纪80年代在Parco附近甚至设立了一块可以涂鸦的墙（现在在东京的街头是禁止随便涂鸦的，所以在涩谷很多墙上的涂鸦都是违法的）。

百轩店

涩谷的后街

很多朋友来到东京都会抱怨这里的商店关门太早，或是找不到夜间活动的地方。每当这时我都会推荐涩谷的圆山町、百轩店一带给他们。

顺着涩谷的道玄坂一路向上，穿过一片稍微有些俗气的情人旅馆，就会看到百轩店的大牌楼。

这里的历史要追溯到关东大地震的时候。在涩谷的重建计划中，百轩店一带作为当时风靡一时的娱乐街区，集音乐、美食、风俗业于一身，让很多年轻人在昭和时代的夜里沉迷于灯红酒绿，乐而忘返。

虽说很多人提起圆山町、百轩店都会想到风俗店，但在我看来，每个人来这里的目的都不一样，对这里的看法也因此而不同。比如我，去圆山町和百轩店的绝大多数原因，是去听朋友乐队的演唱会，顺便去旁边的餐馆吃个饭。平日这里的很多俱乐部也免费对女生开放，甚至还可以享受免费的酒水。每隔一段时间我都要去听听涩谷的音乐水准进化到什么程度了，好让自己随时保持对音乐的敏锐度。

万圣节的百鬼夜行

扮成可爱的公仔去亲近女生的奇怪家伙也不少

每年的10月31日，涩谷会突然变成一个疯狂的、脱离秩序的梦幻场所。

从车站延伸到文化村的路上挤满了借万圣节之名出来狂欢的人们，整条街道都像是被施了魔法似的。这一夜，人们可以穿着自己想穿的任何衣服，做一些平常做不了的疯狂事情，因为其他人也这么做了，群体效应会带给人很多安全感。

平时不起眼的上班族敢在这一夜，在涩谷的街头脱得只剩下内裤；不敢和女生说话的宅男，也可以扮成可爱的公仔到处去和性感女郎拥抱；就连去涩谷的地铁里都坐满了已经变好装的人们。

要小心趁乱揩油的色狼们，毕竟这一天即使有人做了和骚扰擦边的事儿也会被忽视。

很多人玩了一夜后会自发地打扫被蹂躏得乱糟糟的街道，这种对比就是东京最有趣的地方了吧。

第九站

神保町

Jimbocho

挖掘旧时代记忆的街道

神保町の

旧书的味道
实在太好闻啦！

神保町书店街的美名我早有耳闻，由于和学校的距离适中，我更是有了可以经常来逛的机会。

从神保町车站出来，看到一家家书店静静地立在街上，不知为何我突然松了口气，感到一丝安心。这种安全感来源于对这座城市、对过去事物的珍惜。

在这个并不那么需要纸制书的年代里，一本本过去的、现在的书就像是一尊尊佛像，被信徒精心照料着。

看到这些被保管得好好的书躺在书店里，不知为什么我就自顾自地开心起来。

Jimbocho

01 咸亨酒店

鲁迅作品中位于绍兴市的一家饭店，因为在《孔乙己》等作品中被提及而广为人知。而在神保町也有一家同名小饭店，以提供绍兴酒著称，店内的料理则是宁波风味。

02 马子禄

开在东京神保町的这家“马子禄牛肉面”，其店长是一名日本人，因曾在中国尝到地道美味的牛肉面后欲罢不能，而亲自向拥有100多年历史的“中华老字号”学习制作方法，最终回到日本开店，完成了自己的牛肉面之梦。当然这家店的味道确实是十分地道的，每次去神保町的时候，我都会去排一排队。

03 集英社

日本三大出版社之一，是从同为三大之一的小学馆独立出来的，发行了《周刊少年JUMP》《周刊YOUNGJUMP》《Seventeen》等脍炙人口的漫画杂志。在《周刊少年JUMP》上连载自己的漫画是很多新人漫画家的梦想。在集英社大楼下，有很多怀揣作品的年轻人紧张地等待着和编辑的面谈，一颗颗新星在这里冉冉升起，恰如集英社社名的含义：汇集睿智（英知が集う）。

04 小学馆

创立于1922年，发行了《周刊少年SUNDAY》《BIG COMIC》《CanCam》等杂志的综合出版社，创立时主要经营面向小学生的教育类图书，这也是“小学馆”社名的由来。1926年娱乐图书部门独立为集英社。

05 日本武道馆

1964年东京奥运主场馆之一，采用八角形的设计，屋顶的造型效仿了富士山。武道馆历史悠久，众多世界顶尖乐团及歌手都在这里演出过，是音乐人心中最好的舞台之一。因此它不单单只是一个体育馆，同时也象征着音乐的圣殿。

Map

06 千鸟渊

皇居西北侧的一条护城河，位于北之丸公园旁，因其湖面形状似千羽鸟振翅欲飞的样子而得名。沿河的散步道和堤坝上种植着数以百计的樱花树，春季樱花盛开时，是与新宿御苑、上野公园齐名的东京三大赏樱名所之一。沿着护城河有一个泛舟区（千鳥ヶ淵ボート場），游客可以在千鸟渊上一边划船一边赏樱，享受被樱花包围的惬意。

07 东京国立近代美术馆

这间比邻皇居的美术馆，是日本第一座国立美术馆，由本馆、京桥本馆、相模原分馆、工艺馆构成。馆内常设明治后期至近现代的艺术品（包括雕刻、水彩、素描、版画、摄影等）展。美术馆藏品的规模极其庞大，包括国家重点保护文物在内，共计一万多件，达到了日本国内的最高水平。除了展览珍贵的藏品外，这里还会定期举行企划展。

08 皇居

日本天皇居住的宫殿，是原来江户幕府历代将军所居住的江户城。除皇室起居部分不对公众开放外，皇居的其他部分可从宫内厅开始预约参观，东面的皇居东御苑（原江户城本丸所在地）则在固定时间开放，允许自由参观。皇居内部每年有两次开放日，分别是天皇诞生日及新年的次日（1月2日）。在阳光灿烂的日子里，皇居外的大草坪上，总是聚集着正在野餐和小憩的人们。

古书街探秘：旧书的麦加[1]

神保町的古书街是我几乎每周都要去的地方，它的全名叫作神田古书店街。

这里是日本、也是全世界最大的古书店街，早在19世纪末期，神保町附近就有了现在书店街的雏形。神保町附近有明治大学、中央大学、日本大学等高校，为了师生的需求，这里会出售很多旧的专业书籍，解决了穷学生们买书难的问题，这也是古书店街能形成现在的规模的原因之一。

发展到现在，这里一共有200多家形形色色的古书店。拥有悠久历史的古书在完成了它们作为新书的使命之后，在这里的书店里获得新生。书店里图书的种类覆盖了各种领域——文学艺术、人文社科、科学技术、生活娱乐等，包罗万象。不管是有目的的找书还是单纯的浏览，都会让我最后逛到脚疼、背书背到走不动。

1 作家池谷伊佐夫曾经在《神保町书虫》（生活·读书·新知三联书店2008年版）中这么形容过古书街。

古书的规则

虽说这里叫古书街，但贩卖的书籍并不都是古籍善本，更多的是普通二手书。日语中常说的“古本”也就是旧书的意思。

和我们在街上常常看到的连锁二手书店BOOKOFF不同的是，这里的书店并不综合性地收购、贩卖所有类别的书，而是有针对性地进行经营。

神保町的古书店经营者很多都是世袭的，且书店经常由创立者的姓氏来命名，所以我们能看到很多像人名的店名。当然，也有可能用的是现在的经营者的姓氏。

静电的书店推荐

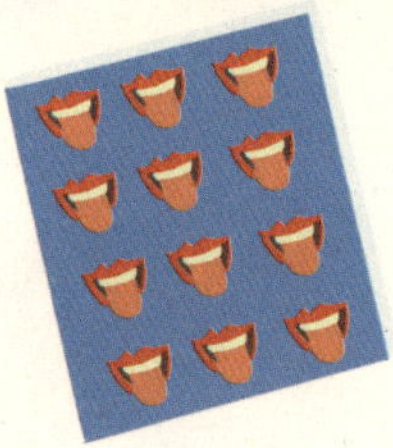

小宫山书店

充满了现代艺术气息的小宫山书店，也许是中国买家最熟悉的书店。透过玻璃墙，可以窥见一楼贩卖的摄影画册，基本上都是有艺术家签名的珍贵初版，所以价格不菲。

二楼售卖很多当代艺术家的画作和时尚杂志，你能够看到熟悉的荒木经惟、奈良美智、丸尾末广等艺术家的大作，还有很多绝版的玩具和手办出售。

三楼售卖的是文学、哲学和戏剧类的专门书籍，三岛由纪夫、寺山修司等大家的精品出版物都有售卖。

顶楼有社长收藏的展售区，当然藏品的价格非常昂贵。这里比起一般的书店来说，更像是一家画廊和博物馆。

矢口书店

这家书店创立于1918年，已经经历了一个世纪的岁月。古老的招牌和上面的“电影”“戏剧”“戏曲”“剧作”直接明了地交代了书店的主题。

矢口书店原本主要经营的是哲学和经济方面的书，从20世纪70年代开始，新的店主改变了主营方向，转向演艺界，到现在矢口书店算是这个门类的鼻祖了。那些看完喜爱的电影后，连剧本和宣传册都想要收藏的人，可以在这里轻松地找到想要的一切。

矢口书店历代店主搜集的电影杂志也堆满了整个书架。不仅仅在店内，在书店外面的侧墙上还有很多书店主营种类以外的书籍以100日元1册的低价出售，有的时候会在这里意外淘到好东西。

泽口书店

泽口书店在神保町一共有两家，店里售卖的书大多是新上市的，有时候在店头的低价区也能淘到有意思的东西。

在这里消费满1千日元还可以在新馆的二楼休憩处免费得到一杯咖啡，这是在泽口书店独有的享受。坐在靠窗边的桌旁俯瞰神保町，享受着喜爱的书籍和悠扬的音乐，疲惫的身心一下子都得到了放松。

at wonder（@ワンダー）20世纪记忆装置

看到这个充满亚文化气息的名字，就知道这家书店肯定会售卖一些令人惊奇的东西。科幻类、推理类、幻想文学类以及绝版文库是这家店的招牌。除此之外，各种Cult电影、特摄剧和地下电影的周边，这里也是应有尽有。

一诚堂书店

古书街的历史可以追溯到19世纪，一诚堂书店也是从这条街诞生到现在还留存的书店之一，被誉为神保町的灵魂之店。著名的森冈书店主理人森冈先生在独立开店之前，曾在这家店打工研修。

一诚堂书店于1906年开业，店头的木质橱窗和石制招牌都带着百年前的风貌。虽然历经风霜，但店内的书籍都得到了非常用心的照顾，被分门别类地摆放整齐，随处可见店主用毛笔认真书写的辅助标签，让人不得不感叹经营之用心。

店内主要售卖的是历史、考古及艺术类的古书，还有来自欧美的文科类古书。

KEIZO BOOKS

就算是不懂日语、不了解日本的人来到神保町，也可以在这家洋文书店里找到稀有的书籍。这里陈列了很多摩登时代的画集、写真集和杂志等，就算不懂里面的文字，光看图片也是一种享受。

内山书店

这家书店会让每个来到这里的中国人倍感亲切。熟悉鲁迅先生的人都知道这家书店原来在上海，由日本人内山完造创办，也是鲁迅先生晚年主要的活动地点，新中国成立后被迁到日本。现在牌匾上的“内山书店”，还是郭沫若题写的。

它主营中国图书，但踏入书店大门后很多人都会有不知从何下手的感觉。被细致地分类摆放的大量古籍，就连很多中国人都不甚了解。从书店搜集的书籍就可以看出店主应该是理性的知中派人士，这里没有刻意抹黑中国的八卦杂志，倒是有不少“鸡汤文学”。

书店街的墨绘先生

在神保町淘书的时候，偶然路过一家画廊，我一下子被它外面展示的几幅画猫咪的墨绘吸引，不自觉地就踏入了画廊。画廊里面的作品更是令我移不开目光，尤其是几幅以猫咪为主题的作品，实在是非常可爱，在写实中透露着抽象，不同粗细的线条仿佛音乐旋律一般。

就这样，我阴差阳错地结识了画廊的主人——画家本多丰国。本多老师已经70岁了，但是和他聊起天来，就像是和父母聊天一样。也许是因为墨绘是日本和中国共通的艺术语言，身为绘画者的我，和本多老师一拍即合，畅谈艺术人生。

原来本多老师自幼学习油画，但因为青年时期在蒙古国看到了震撼人心的墨绘作品，突然意识到墨绘才是亚洲艺术的浪漫精髓，转而专攻墨绘。后来，我们一起创作了以“妖怪”为主题的作品，就在神保町的画廊中，举办了我在日本的第一次联展。

我们都认为，画作不能被创作的形式所束缚，墨绘要表达的并不只是崇古的主题，而应该着眼于更宽广的时空维度。

神保町的咖啡和咖喱

古书街的咖啡店：让时光慢慢溜走

充满着旧时光的神保町古书街旁边，总有着和书香相衬的醇厚的咖啡香气。在各种大大小小的书店旁边，总有很多韵味独到、年代久远的咖啡店。在店里总能看到独酌的年长的客人，也能看到讨论书稿内容的编辑和作者。

很多店里用黑胶唱片机播放着爵士乐曲，盛放食物饮品的餐具器皿都非常讲究。一杯炭火烘焙的手冲咖啡入口，觉得自己瞬间变成了“大人”。

神田伯剌西尔茶房的咖啡冻（コーヒーゼリー），一天只卖5份，鲜奶、咖啡和糖浆的搭配清爽又提神

神保町的咖喱店：知识需要力量

神保町据说有多达300家咖喱店，分布在大街小巷中，因此被誉为咖喱的圣地之一。

和书店一样，很多咖喱店也拥有着悠久的历史，这和学生街的发展密不可分。想象一下在这样的街道上的某家餐厅里，大学生一边如饥似渴地阅读着，一边大快朵颐。他吃的一定是方便划算还带着点学生时代辛辣气息的咖喱。

第十站

新宿

Shinjuku

交通要塞背后的不夜城

ZOR

新宿是东京的肺，呼吸不停歇

新宿的白天和夜晚，街内外呈现出的不同状态，

让我不禁觉得它是一个会变幻面孔的、永远不会休息的演员，

迎接着每一个来往的观众。

新宿站是很多路痴的地狱，无论是地面上的东口、西口、南口，还是更加复杂的地下铁线路，没有在新宿待过两年以上的人，都会在这里晕头转向，甚至由此衍生出一批“新宿站难民”。

作为乘降量最高的车站，新宿就像是东京的肺部一样，日夜不停地呼吸。

01 纪伊国屋书店

简称纪伊国屋，是日本的大型书店。纪伊国屋书店于1927年1月22日创立于新宿，现在在日本有59家分店，在其他国家也有分店。在日本，纪伊国屋除了有书店以外，还经营艺术表演场所，如音乐厅、剧场等。在新宿的这家店里，一楼的过道中还有各种各样有趣的小店，比如售卖水晶和化石的古董商店、烟斗专门店等。

02 花园神社

守护着新宿的花园神社，在德川幕府开府以前就镇守在这里。原本是在现在新宿伊势丹的地方，江户时代初期被迁到了德川御三家笔头的尾张别墅的庭院里。因为那里是许多鲜花盛开的美丽花园的遗迹，所以被称为花园神社。随着新宿愈渐繁荣，来这里参拜的人也越来越多。每年11月的酉市祭典会在花园神社举行，60多家竹耙形吉祥物“熊手”店和200多家露天小摊位依次排开，叫卖声此起彼伏，每年都会吸引60多万的游客到访。

03 巨大的新宿站

作为东京最大中转站的新宿站，启用于1885年，拥有悠久的历史，年使用人次高居世界第一。因为占地面积大、出口数量众多，让旅行者，甚至本地人都十分头疼。东口、西口、中央东口、中央西口、南口、东南口、甲州街道口……如果走错了出口，从站外走到另一侧的出口要花很长时间，实在是令人头大。

04 世界堂

位于新宿三丁目的这间文具和美术用品大楼，招牌上惊讶的蒙娜丽莎让人一下子就会移不开目光。它诞生于1940年，当时只销售画框以及美术用具。随着时代的发展，经营者向商品中加入了更多的艺术设计类用品，并丰富了画材的种类。东京的美术生在采购作业用品时，有很大概率会在这里遇到同学。

Map

05 NTT大厦

是东京都第三高的摩天大楼，仅次于中城大厦与东京都厅，拥有帝国大厦般的外观设计。与一般商业大楼不同，它是NTT DoCoMo公司的业务用大楼，无关人员无法进入。楼顶的夜间灯光会经常根据时事热点而变换颜色，偶尔会出现令人惊讶的配色。

06 新宿御苑

100年前它是皇室公园，内有日式、英国风景式、法国修整式三种庭园，在1949年开放为一般民众也可以参观的公园后，一直人气不减。园内种有樱花、枫树等一万多棵树木，加上玫瑰及山茶花的点缀，随着季节的交替，这里给人的感受也是千变万化的。由于这里颁布了樱花季禁酒令，所以会有更多人放心地带着孩子来赏樱。

07 东京都厅

是东京都政府的总部所在地，位于不那么热闹的西新宿，1990年12月落成，1991年正式启用。东京都厅在日本泡沫经济最高峰时策划兴建，是当时日本最高的大厦，后被讽刺为“泡沫之塔”。对外开放的展望室设在第45层，乘电梯仅需55秒即可到达。晴天时，可在展望室饱览从南部横滨到西部富士山的景色。

08 LOVE雕塑

这座公共雕塑是美国艺术家罗伯特·印第安纳的作品，也是在各种电影、电视剧中经常出现的地标雕塑。有传言说，若是能在身体不触碰到雕塑的情况下，从雕塑的“V”与“E”之间穿过，恋爱便会成功！

从车站枢纽到文化要塞

新宿站位于东京郊区内中央偏西的地带，它的历史要追溯到1885年，当时这里还是东京的郊外。到了20世纪30年代，这里很快就变成了东京利用率最高的车站。

“新宿”这个名字来源于甲州街道的宿场町的“内藤新宿”（ないとうしんじゅく）。有人住的地方，娱乐业和服务业就会随之发展，因而这里在江户时代就已经是非常有名的红灯区。“二战”之后，作为娱乐、戏剧据点的新宿比战前更为活跃，也成为先锋文化的发源地。

回忆小巷：记忆中的烧烤香气

从新宿西口的小田急百货商店继续向西，就会来到回忆小巷（思いて横丁）。

保持着昭和时代面貌的小巷子，每到晚上五六点钟之后，就会变得异常热闹，店里飘出的阵阵烧烤香气让路过的行人饥肠辘辘。也被称为烤鸡街的这里，是在“二战”后的20世纪40年代末期从破败的废墟中发展起来的。

这儿在战前曾是黑市，进入20世纪50年代后，经过整治，这里的不良商贩减少了，拉面和烧烤店增加了。

每次路过这条街道，我都会加快脚步，一是害怕弄一身的烧烤味儿，二是害怕食欲就这么被勾起，无法抗拒。

新宿黄金街

花园神社旁边，有条火柴盒子一样的街巷，那便是新宿黄金街（新宿ゴールデン街）了。

这里密密麻麻地分布着的酒吧和饮食店，总共有200多家，夜晚看起来像极了《攻壳机动队》里的赛博世界。这里曾经是战后黑市（新宿真的有很多黑市！），现在因为它所经历的岁月而闪闪发光。每一家小店都向路过它的人传递着店主的执念，有的通过店面主题和招牌，有的通过店内播放的音乐和影视作品。

还记得我初次来这里时曾向每一家店里窥探，又害怕又好奇，生怕在杀生的店里被老板冷眼相待。后来几次随友人来到这儿，发现大多数店主都是特别友善的，很多店主甚至是可以陪着你聊一晚上的知心人。

不过不太推荐3人以上一起去这里，很多酒吧都十分狭窄，有的甚至只有5个座位（由此营造出一种非常私人的非日常感）。如果人数较多的话，很有可能会被店家拒之门外或拆散。

近年来这里的游客逐渐增加，有很多是抱着巡礼或蹭一下文学家“仙气”的心态来的，毕竟这里自“二战”后就吸引了很多文学和艺术领域的名人。1975年，黄金街的常客中佐木隆三获得了直木奖、中上健次获得了芥川奖，通过这两位作家的介绍，来东京追寻文艺梦想的人们都会去到黄金街寻找灵感。

初心者向酒吧

店外基本上都会写着“欢迎初心者”，有的时候进店甚至不用缴入门费。一般店主都是好说话的年轻人（也有一些店采用兼职的员工），也多少能说一些英语。很多主打昭和情怀的店让人感到十分亲切，店内陈列着各种20世纪60、70年代偶像歌手的黑胶唱片和写真集，电视里放的也是昭和年代的节目。为了迎合黄金街的氛围，先来一杯梅酒苏打回到30年前的东京吧。

高级者向酒吧

黄金街的很多店主本身就是电影或音乐界的从业人员，甚至可以说是前辈，如果碰巧得知了店主的姓名，赶紧在网络上查一查，说不定会有新发现。去这种店，最好还是由轻车熟路的常客引路。有时候从店里替客人保存的酒的名牌上，就能发现一些响彻文坛或影坛的名字呢。

深夜食堂向酒吧

很多初次来到黄金街的人都有一个感受——没吃饱。的确，这里的招牌让人眼花缭乱，很多店都是主打文化和饮酒，但是如果仔细寻找的话，黄金街的小居酒屋也是不少的。一杯日本酒配上热乎乎的关东煮，就在这一刻，所有人都变成了“黄金街人”。

01 竹轮（ちくわ）

一种空心的鱼肉制品，最早是将鱼肉泥、面粉、蛋白等食材混合，串在竹签上烧制的小吃。现在已经量产了，但还保留了空心的特点。

02 白萝卜（大根）

吸满关东煮汤汁的普通白萝卜，美味又清爽。

03 炸鱼饼（さつま揚げ）

起源于日本的鹿儿岛（萨摩郡）附近，因此被称作萨摩炸鱼饼。日本有很多地方用“天妇罗”来称呼它，台湾的“甜不辣”也是它的音译。它是向不同的鱼肉泥中加入一些调味料和淀粉混合，然后做成各种形状油炸而成的。

04 油豆腐（厚揚げ）

用稍微脱水的豆腐经油炸而成，吸收汤汁后变得回味无穷。

05 海带（昆布）

普通的海带。

06 巾着（きんちゃく）

就是炸豆皮包年糕，其形态如日本妇女的衣兜，因此得名。

便宜好吃不长胖的关东煮

07 魔芋糕（こんにゃく）

用魔芋做成的果冻糕，含有丰富的纤维素，能够帮助肠胃蠕动和使人产生饱腹感，十分有利于减肥。但是不蘸料的话会有一股腥味儿。

08 牛蒡卷（ごぼう巻）

在炸鱼饼中加入一根牛蒡，口感又柔又脆。

09 鸡蛋（玉子）

普通的鸡蛋，浸了关东煮的汤汁变得更美味了。

10 魔芋丝结（結び白滝）

打结的魔芋丝，名字非常帅气——白色的瀑布。

11 鱼肉山芋饼（半片）

口感松松软软，最初还以为是一种大馒头，后来才知道它是用白身鱼制成的一种鱼肉饼。充分吸收汤汁后，它变得更像被水泡过的馒头！

12 鱼丸（つみれ）

用新鲜鱼肉做成的大鱼丸，有各部位的鱼肉相融合的口感！美中不足的是颜色太难看。

13 牛筋（牛すじ）

一串牛肉筋，炖得越烂越好吃！

新宿西口的常住客

写诗的冬子

她的胸前悬挂着一个非常醒目的牌子，上面有手写的“私の志集300円”（意思是“我的诗集300日元”，日语中“志集”和“诗集”的发音相同）的字样。她的脚下随意放着一个黑色的旅行袋，里面摊着几本自己印刷的册子，这大概就是她售卖的诗集吧。

每次经过这里，我都会非常好奇，甚至萌生了想要买一本，看看到底是什么内容的想法。这个想法强烈到我甚至会备好300日元，但是她虚无的目光和难以言喻的气场，使她周边的空气像被冻结了一样，让我退缩。

一个个疑问在我的头脑中像泡沫般涌现：她的诗集是什么内容？她做什么工作？她为什么要站在这里卖诗集呢（明明一脸不情愿的样子）？甚至最后还产生了埋伏在某地，偷偷跟踪她这样危险的念头。

抑制住这种奇怪的冲动，我上网看看是不是还有其他人也同样对她很好奇，结果讨论版上真的出现了关于她的猜测，其中有一篇博客这样写道：

经常在新宿西口坐车的人应该都知道她吧，在胸前挂着“我的诗集300日元”的女人，我买了她的书。

据说诗集的作者是她的丈夫和前妻，她本人在新宿西口卖诗集的体验也夹杂其中。

其实我并不是第一次买她的诗集，10年前我也买过一次。

那时候我怀抱着成为音乐家的梦想，在歌舞伎町的漫画咖啡店打工。

10年前诗集的内容是批判现代文明，如同高声喊出“皇帝的新衣是假的”的那个纯洁无垢的孩子。

现在买的这个诗集，似乎旨趣有所变化了呢。

也许不是因为它变化了，而是作为评判主体的我的身心变化了吧。

变了的是诗呢？还是10年后变成了普通上班族的我呢？

除此之外，还有更多的人给出证据说她在更早的时间点就出现过，也有人推测出她的居住地，甚至有人调查出她的名字叫“冬子”。后来因为工作地点的转移，我渐渐很少去新宿西口了，对冬子的好奇心也随着注意力的转移而渐渐减弱了。

最近一次见到她，是偶然在新宿西口吃了晚饭后，恰巧看到一个人买了她的诗集。

记忆中那冰山美人般的脸就像是融化了一般，她变成了普通人的样子，和顾客交谈着，点着头。我暗自下决心，下次见到她的时候，一定要开口和她说话。

街头占卜师

新宿西口街头的占卜师，一般在夜晚的时候才会出没。可能是因为夜晚的气氛更加神秘吧，可以让写着“占卜”的灯笼在夜幕下散发出特别的光芒，让那些对未来不那么确定的人被这道光所吸引，来到这儿偷偷翻开揭示未来的命运之书。

听说占卜的流程（1个人20至30分钟）是，看手相，看姓名，然后看看出生年月日，进行占卜。有一个完全不相信占卜的朋友，连续请了3个占卜师为他占卜，居然得到了相同的结果，这到底是因为占卜师们的占卜模版相同，还是真的有不可告人的神秘力量呢？

总之存在就是对应需求的，东京确实存在着一批非常需要被剧透未来生活的人呢。

街头流浪汉：纸壳箱里的无缘社会

走在新宿街头，如果留心看一下车站和公园的墙边，就能发现很多排列有序的纸壳箱。在夜晚，这些纸壳箱就会被展开，变成可以遮风避雨的小房子，住在里面的就是流浪汉。他们也被称为“路上生活者”或“野宿者”（听起来有些酷）。

很多都市居民对他们的世界完全不了解，有的人觉得他们是“完全自由的人”，有的人则觉得他们“不愿意努力，没有骨气”。

从JR新宿西口出来，有一块宽阔的地下广场，20世纪90年代初期，这里是被称作“纸壳箱村”的流浪者小王国。虽然据说现在有所改善，但是赶末班车的时候，还是会看到他们的临时住宅。藏在这些脆弱纸板下的人们到底为何会沦落至此呢？是破产、背负了巨额债务呢，还是与亲人断绝了关系？

仔细看一看的话，流浪者大多都是50岁以上的中老年人，选择这样的生活一定有不得已的原因吧。

“流浪汉在城市里，就和猫、鸽子、乌鸦一样。”朋友说的这句话，一直在我脑中回荡。

“是不是从都市社会的关系网中退出，就很难再回去了呢？”

答案是肯定的。再找工作的话，需要固定的住址，没有固定住址的人只能去寻找需要临时工的苦累体力活儿。就算是找到了，也只能勉强维持生计，毕竟解决住房问题可不是一件轻松的事儿。也许他们只能在纸壳箱里度过余生了吧。

歌舞伎町：新宿的大游戏场

我是因为椎名林檎的《歌舞伎町的女王》而知道这条著名的街的，歌词中的“欢乐街”就是这个“大游戏场歌舞伎町”。初见歌舞伎町，并没有感受到椎名林檎歌词中的那种绝望——这儿实在太吵闹了。可能因为音乐录像带的拍摄地点实际上是在黄金街，白天的黄金街可是要比晚上颓废数万倍的。

大多数人会抱着猎奇的心态来到在电影和电视剧里经常出现的红灯区，所以比起本地人来说，在路上更多的是眼珠滴溜溜转的游客。

歌舞伎町一番街所在的地区，在“二战”后修建了很多歌舞伎的表演场地，这里因此而得名。现在歌舞伎町拥有3000家以上的酒吧、风俗场所和餐饮店，被称为“欲望的迷宫都市”。

发型奇怪的男女公关

女生一般都身着连身礼服裙，男士则是西装样式的制服，当然也有很多店会有自己的着装规则

在歌舞伎町经常可以见到头顶庞大发型、身着闪亮服饰的年轻男女，如果他/她和你的眼神相对，并主动上来搭讪的话（一般发生在异性之间），你就应该知道他/她的职业身份了。

对，他们就是歌舞伎町的主角——俱乐部的男女公关们。

キャバクラ是由“cabaret”（キャバレー）和“club”（クラブ）组成的合成词。在这里工作的キャバクラ嬢（女公关），一般被称作キャバ嬢或ホステス。男公关工作的店叫做ホストクラブ（host club），男公关被称作ホスト。很遗憾，我还没有机会进入其中任何一家店进行真正意义上的消费，倒是近来兴起的侦探游戏会把会场设置在一些小规模的店里，让我有机会进去看看。

机器人餐厅

在机器人餐厅刚诞生的时候，走在街上，偶尔就会被宣传车上两个金刚机器人唱出的喧闹的主题曲吓一跳，让人不得不好奇，这个据说斥资100亿日元建造的、非常浮夸的餐厅到底是什么样子的。

一时坊间传闻满天飞，有的说是机器人喂客人吃饭，有的说是在机器人身上吃饭，到底是什么样的呢？真的很令人好奇。

在机器人餐厅诞生后的第二年，得知自己参与拍摄的一个宣传片正好被安排在那里取景，我简直欢呼雀跃，尽管在之前并没有对任何人透露过想去那里的心思。

这里每天有4次机器人表演，分别是16：00、17：55、19：50、21：45，入场券是8000日元，但是并不包含餐费（只是看演出的门票）。

会场金碧辉煌，但是装修品位难以形容，如同来到国内十分浮夸的超豪华KTV一样。我惊讶地在签名

墙上看到了蒂姆·波顿[1]的签名。

食物的种类并不多，也就是普通的饮料和汉堡，需要付现金购买（据说有可以预订的套餐）。

在一个类似T台的舞台两侧，就是观众席了。坐在第一排，放眼望去基本上都是欧美游客，然后我突然意识到当时只有我一个亚洲观众在场。

灯光一暗，表演就开始了。

现在回想起来，在机器人餐厅看到的一切就好像一个奇怪的梦境。

“女战士和太鼓大合奏！机器人达摩！超大寿司花车！”

“恐龙、美人鱼大战魔头！”

“机器人大游行！”

不知不觉中，我手上就已经握着荧光棒了，也不知道是谁什么时候塞给我的。

看演出的我像是做了一个梦，在梦里自己变成B级片主角，真想知道蒂姆·波顿的心情啊！从餐厅出来之后有点如梦初醒的感觉。

影院楼顶的哥斯拉

从歌舞伎町入口向上看，就能够看到Gracery酒店和Toho电影院楼顶盘踞着一只巨大的哥斯拉[2]。每隔一段时间，哥斯拉还会咆哮几声，会让初次看到的人感到有点震撼。

进了酒店就会发现，哥斯拉其实只有头颈部分。

1 蒂姆·波顿：美国著名导演，作品有《圣诞夜惊魂》《僵尸新娘》等。

2 哥斯拉：日本国民级的怪兽角色，2016年的电影《新哥斯拉》重新掀起了一阵哥斯拉旋风。

末广亭：落语和寄席，在东京看江户曲艺

一碗白汤，一柄折扇，三寸舌根轻动，则种种世态人情，入耳触目，感兴觉快，落语之力诚可与浴后的茗香熏烟等也。

——关根默庵《江户之落语》

末广亭是东京4个固定曲艺场中的一个，平时会举办以落语[1]为主的曲艺演出。

因为对这种曲艺形式一无所知，第一次去听落语之前，我看了漫画《昭和元禄落语心中》。在这部漫画中，我看到了陈凯歌导演的《霸王别姬》的影子——传统曲艺、同门师兄、手足情谊、人生梦想、现实和艺术世界中角色的重合。

1 落语（らくご）：日本的传统曲艺形式之一，与中国的单口相声相似。落语起源于300多年前的江户，表演的内容基本都是江户平民家长里短的故事。“落”就是抖包袱的意思，也就是段子最后精彩的结尾。发展到现在，落语大致可以分为滑稽说、人情说、戏剧说和怪谈说4个种类。

在新宿末广亭每天进行的常规演出被称为“定席”，节目和演员每个月会更换3次。每月上旬的演出称为“上席”，中旬的演出称为“中席”，下旬的演出称为“下席”。演出分为早晚两场，早场是12：00—16：30，夜场是17：00—21：00。

江户时代，人们看落语的地方叫“寄席”，当时没有电视也没有电影，基本上每个小巷都会有寄席。随着时代的发展，寄席渐渐消失在现代社会中，然而在末广亭还是有很多忠实的听众一直追随着这门艺术。除了落语以外，这里还有魔术、俗曲、杂技等表演。

第一次来到寄席，是参加一个描绘东京现代百景的艺术家活动。我们10多位外国插画师中途进场时，表演已经开始了。表演者身着传统和服，手持折扇，跪坐在蒲团上。

由于楼下已经满席，我们只好转移到二楼。一楼的椅子席和栈敷席上已经坐满了人，原来在21世纪，也会有这么多人喜欢江户时代的段子啊！

我虽然已经竖起耳朵在听，但是因为落语的语速和语气都和日常听到的日语区别太大，很难深入体会具体的意思，但是看着台上落语师丰富的表情，有那么一瞬间我竟然以为自己全都听懂了。百年前的故事跨越了语言的鸿沟，被生动地呈现在我的面前。

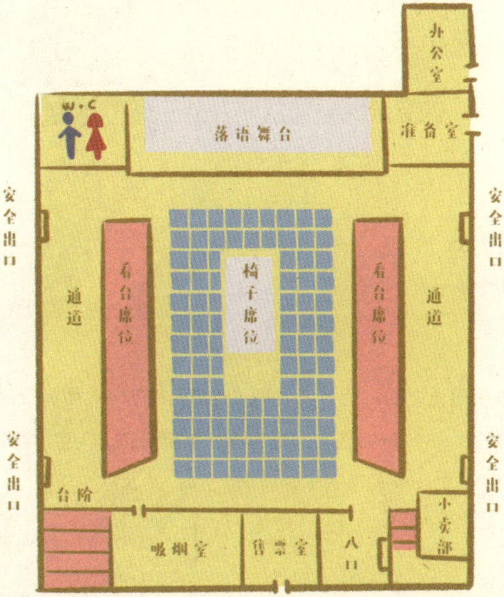

新宿二丁目：奥秘都在那扇门后面

熟悉东京的人只要听到“二丁目”就会明白，这一般指的都是新宿二丁目。

二丁目和大阪的堂山町并称为亚洲级的Gay Town（同性恋镇），这里的LGBT文化的兴起可以追溯到20世纪60年代。但我认为这里最有魅力的，并不是一般人眼中的猎奇和刺激，而是一种奇妙又令人安心的归属感。

和新宿的很多后街一样，这里也密密麻麻地排列了很多有趣的小店。在夜幕降临时，白天毫无生机的街道就像是突然活过来了一样，变得人声鼎沸。穿着西装的上班族、变装皇后[1]、好奇的外国游客等纷纷来到这条街，撕下伪装，去自己喜欢的店里，或是在街上呼朋引伴，仿佛整条街的人相互之间都可以成为朋友。

这里其实是一条只要是有享受之心就可以从中获得快乐的街道，和性取向完全无关。享受音乐、享受美酒、享受新朋友带给你新的文化冲击，在这儿每个人都只是单纯的“人类”。最有趣的是，带着第一次来到二丁目的朋友们在街上寻觅合适的店的时候，因为大家都不知道在有些看似玄虚的店名后，到底藏着怎样的秘密，我们就一边走，一边把耳朵贴在店门上，偷听里面的音乐。

“二丁目的真面目是藏在门后面的啊！”

1 变装皇后：来自于英文drag queen，多指通过穿女性服装和化妆来扮演女性的生理男性。其中有很多人的变装装扮是极具艺术性和戏剧性的。

紅樓
日本語・中文
ENGLISH
3F
多国料理
とん苑
BF
S
たかぐら
OPEN
OPEN

LOG ROAD
春水堂
ROOTOTE
CA4LA
TENOHA
DAIKANYAMA

第十一站

代官山和惠比寿

Daikanyama & Ebisu

东京都民的理想之乡

理想的居住地

DAIKANYAMA

Daikanyama &

01 Logroad

是位于代官山以“绿化+商业”为理念设计的时髦小路，或者说是个拥有五栋商业设施的迷你综合型商场，建在废弃了的东横线旧址上，占地不大却融合了与衣食住行相关的各色时髦商铺。阳光灿烂的日子里，在户外喝一杯下午茶，不禁涌上来一种小布尔乔亚式的满足感。

02 惠比寿横丁

隐藏在惠比寿光鲜亮丽的街巷中的这条小巷，汇集了很多平价好吃的小店，每间店大概只有十几平方米。窄小但不凌乱的小路两侧，有着肉寿司、铁板烧、关东煮、韩国料理等十几家小店。

03 Why Juice

“Easy and fast, fresh and good.”是它的标语。如同其字面意思，这家店主打新鲜无添加剂的美味果蔬汁，有红萝卜汁、芹菜汁、橙子汁、菠萝汁等，包装可爱又能随时补充维生素和纤维素，使得它在网络上一下蹿红。

04 春水堂

非常好喝的珍珠奶茶店，除了茶饮系列还有中式小面可以点。店里总是挤满了时髦的女孩子们。

05 惠比寿粗果子酒吧

从外表看宛如昭和时代的电影布景，充满了旧时代的浪漫气息。只要交500日元就可以在两个小时内随便吃店内的几百种日本怀旧小零食，充分弥补小时候的遗憾。当然除了零食以外，还有其他的居酒屋食物可选。

06 茑屋书店

它的主题是“森林中的图书馆”，书店内设有可以边喝咖啡边看书的特殊座位。其中杂志区的国内外藏书非常丰富，还能找到中国的杂志！文具区内也有许多精美物品，从人气商品到高级钢笔，应有尽有。

07 Flipper’s

这家甜品店的招牌舒芙蕾松饼是我吃过最好吃的，饼身入口即化，奶油清甜不腻，一口下去仿佛到了天堂。

08 惠比寿站

于1901年投入使用的这里，最初是惠比寿啤酒——没错，就是那个我们熟悉的Ebisu啤酒——的货运车站。时光荏苒，如今的惠比寿已成为汇聚无数咖啡馆和餐厅的人气街区。虽然啤酒工厂已从这里搬离，但是惠比寿的街道上至今仍保留着各种啤酒文化的遗迹。

09 惠比寿花园广场

惠比寿花园广场开业于1994年，惠比寿啤酒纪念馆、东京都写真美术馆以及众多餐馆和商场都聚集在这里。超高层建筑设计中引入了18世纪的建筑风格，营造出不可思议的氛围。中心广场在周末常常会举办各种活动。

10 惠比寿啤酒纪念馆

在这里，不仅可以了解惠比寿啤酒工厂的历史，试饮啤酒，还可以买到惠比寿啤酒主题的纪念品。博物馆内展示着惠比寿啤酒史上第一个啤酒标签设计以及早期的广告海报等，还介绍了当时的物价、惠比寿站音乐的起源等等。

11 旧朝仓家住宅

建于1919年的二层和式木造建筑，是曾担任东京府议会议长的朝仓虎治郎的故舍。绿意点缀着回游式庭园，石灯笼将庭院装点成大正时期的浪漫风格。秋天红叶缤纷，夏天绿荫葱葱，在代官山这一片现代风格的建筑中，这样一座别致的老宅就像是世外桃源，而参观费只需要100日元。

Ebisu Map

12 目黑川

目黑川发源于世田谷区，由西北流向东南，贯穿东京都内，一路流经中目黑、目黑、五反田、大崎，最后从品川注入东京湾。从中目黑站出发，步行1分钟即可抵达，约800株樱花树分布在长约3.8公里的河岸上，沿岸的樱花步行道到了三四月份就会挤满赏樱的人。

13 La Table de Joël Robuchon法式餐厅

是法国厨师乔尔·侯布雄在1994年开设的餐厅，外观如同一座欧洲城堡。一楼是米其林二星的La Table de Joël Robuchon，二楼是米其林三星的Joël Robuchon本家。两家餐厅都要求着正装用餐，如果不擅长着正装，就去地下一楼的La Boutique de Joël Robuchon烘焙坊来个马卡龙下午茶也不错。

14 东京都写真美术馆

日本第一座和摄影、影像相关的专业美术馆，2016年改建后重新开放，每个月都会更新展出来自日本和世界各地杰出艺术家的作品。这里的展览无论是对于摄影爱好者还是专业人士来说，都是十分珍贵且有启发的，不妨去感受一下吧。

不那么东京的代官山

很多东京的朋友提起代官山，用的最多的词就是“洋气”。有格调、清净、优雅、欧洲风格和上层阶级都是很多人对于这里的印象。和东边的江户风情完全不同的是，这里无论是建筑物的风格还是店铺的装修风格都偏向欧式。

代官山总是有很多气质高贵的女性，有的牵着狗，有的领着孩子

我在电影《下妻物语》中第一次知道这个地方，电影中的洛丽塔服装店“Baby，the stars shine bright”就位于代官山，并被主人公一直憧憬和向往，给当时的我一种代官山就等于高级品位的感觉，只是这种品位可能少了些人情味。

可以说代官山是一个具象化了的理想的居住地。围绕着这个“理想的居住地”，与它相似风格的店铺和餐厅就自然而然地生长在附近，我在心里将它命名为“定向植树式街区”。

如果是晴天就向天空撒豆子吧！

将树枝锯得粉碎的花道艺术表演期间，在场的观众都屏息凝神，空气中充满了植物的味道

从东急东横线代官山站下车步行不远的距离，就会看到在通向马路的侧面有一块看板写着这样的句子：

如果是晴天就向天空撒豆子（晴れなら空に豆まいて）

现代诗一般的句子，很难让人猜出这到底是什么名堂，写出这句话的店铺和几家餐饮店排列在一起也显得格外突兀。

带着这个疑问，就像是被命运之神安排好了一样，在一次偶然的活动中，我和“晴豆”（缩写）的主理人A.S君结识了，才知道那句话是这间live house的店名，从此变成了这里的常客。

“晴豆”是一个纯粹的live house，比起东京的其他小型live house来说相对宽敞，在内部装潢上也和普通的不一样，有榻榻米座席和油纸伞，墙上布满了不知道渊源的壁画，充满了神秘的气氛。

A.S君会定期在网络上举办众筹活动，邀请国外的艺术家来日本演出。因此在“晴豆”，你能看到不同风格的艺术家出现在充满和风气息的舞台上。沉浸在音乐中，不禁怀疑自己是否真的在日本东京，还是在地球的另外什么地方。

没错，音乐可以把你传送到世界上的任何地方。

茑屋书店：欢迎回到书的世界

东京一直是一个不缺乏书店的城市，但是为什么代官山的人们还是会想去茑屋买书呢，甚至来买书的人中，更多的是从其他地方专程来到代官山的。

这里不仅有书，还有一种非日常的生活状态，你可以完全沉浸在建筑带给你的阅读仪式感中。就算只是翻看，也没有人催促你赶紧结账（虽然有些不好意思），买到自己心仪的书籍后，也可以花一个下午在隔壁的咖啡店享受阅读。

这里所有的书籍和音像制品都像在图书馆一样被细致地分成几大类：文学、艺术、建筑、汽车、料理、旅行等，电影专区的DVD更是“无所不有”，基本上所有能够在市面上找到的电影都可以在这里租借或购买到。

代官山的茑屋书店由三栋建筑构成，分别是一、二、三号馆，连接三栋建筑的是一条杂志街。店内的视觉设计由艺术总监原研哉负责，创意总监则是池贝知子。

二号馆的二楼餐厅里，遍布着来自海内外的近千本二手杂志，餐厅里提供咖啡、无酒精饮料和轻食，可以边吃边看书。在被书籍的森林和建筑外的植物环绕的时候，外部的时间也就变得不重要了。这里从早7点营业到凌晨2点，仿佛是一个可以遁世的天地。

诞生于1983年的茑屋在日本有超过1400家分店，2011年在代官山开业的这家分店被选为世界最美的20家书店之一

惠比寿

为啤酒而建造的车站

在啤酒花园里经常见到的时髦情侣

从代官山向东南走一会儿，就来到了同样充满优雅气息的惠比寿。

喜欢喝酒的人都知道惠比寿站起源于著名的啤酒品牌——惠比寿啤酒，当初JR线的惠比寿站也是作为惠比寿啤酒的货运车站于1901年开设的。

虽然啤酒厂现在已经搬离了惠比寿，迁移到千叶一带，但是惠比寿的街道中还是有之前啤酒厂留下的

《东京女子图鉴》的女主角说过，30岁之前能在La Table de Joël Robuchon里约会的，就是成功的女人了

各种痕迹，啤酒博物馆、啤酒主题的饭店比比皆是（可惜我对啤酒不感冒）。

在阳光灿烂的午后，漫步在充满优雅建筑的花园广场可能是很多东京女生的理想生活。这里还有三越百货购物中心、惠比寿啤酒纪念馆、电影院、La Table de Joël Robuchon法式餐厅等，晚上还有浪漫的灯光秀。

第十二站

吉祥寺和三鹰

Kichijoji & Mitaka

来探险吧，与自然为伴的都市绿洲

没有吉祥寺的吉祥寺

我一般管住在吉祥寺的朋友叫“井之头国的住民”，相对的我也管自己叫“下北泽国民”。

住在西东京的、各种美术大学的朋友们总是选择在这里聚会。我发现，吉祥寺这一站集中了中央线以东的几乎所有特质：商店街、古着店街、站前大商场、各种连锁店、咖啡馆、小巷美食还有休憩地井之头公园。住在这个王国里的人，仿佛一辈子都可以将其作为根据地。

虽说此地叫作吉祥寺，但是找来找去也找不到同名的寺庙。真正的吉祥寺，最早在今天文京区的本乡地区，但是在1657年的一场大火中被全部烧毁。之后，幕府将寺院移出江户城外，吉祥寺从此搬迁到本乡北边的驹込。根据当时的城市规划，老吉祥寺门前町的土地被征收，原来住在当地的人被迫搬到武藏野市避难开荒。出于对故乡的思念，移民们便将避难地称作吉祥寺了。

Kichijoji & Mitaka

01 无人古书店

从三鹰站出来走到三谷通商店街，就可以看到这家名叫Bookroad的无人书店。并不起眼的店面，袖珍的面积，如果不是事先知道它的特别之处，大概不会注意到它吧。由于没有结账的柜台，所以店内设置了扭蛋机代为收费。

02 佐藤肉店

Sunroad商店街中的牛肉丸店，还没走到店里就会先闻到牛肉的香气。这里的牛肉都是日本产的黑毛松板和牛肉，招牌的牛肉丸外层炸至金黄，每粒都有拳头握紧大小。咬开的时候会发现牛肉放得实在是足，肉汁四溢却不油腻，和甜香的洋葱搭配起来，口感绝妙。也难怪会常常排队到两个街口开外。

03 Sunroad商店街

拥有透明采光顶棚的Sunroad商店街，从20世纪70年代营业到现在，街上除了当地民众，也充满了游客。长达300米的主要街道上，满是小吃店、服饰店、杂货铺等，可以说是消费者的激战区了。小小的一条路上就连药妆店都有5间，完全不用担心找不到想买的东西。

Map

04 Paper Message

一家纸制杂货的专卖店，店名简单明了地取作“纸的讯息”。店内就有印刷机，可为客人定制独一无二的纸制品。店内四处以纸制品装饰、陈列，轻薄的纸张，让整间店的感觉也轻盈了起来。

05 中道通商店街

位于吉祥寺站北口，原本只是一条农道，后来发展成了吉祥寺最长的商店街。比起普通的观光景点来说，这里其实更像是一条体现吉祥寺生活方式的街道。路上有居民所需的店铺，比如眼镜行、面包店、水果店等，也有很多努力表现店家审美的杂货店，从日式到东南亚、西欧等不同风格应有尽有。

06 マジエルカ杂货店

这是一家外观纯白，以各式绿色植物与杂货装点的小店，店里所陈列贩售的杂货，都是日本各地残障人士创作的。店名“マジエルカ”，其实是“混ぜる”（混合）的意思。藤本店长认为，世界就像森林一样，看上去是一片绿树，但其实每棵树都不同，树木混合成群才有了森林，但每棵树都各自在森林中发挥自己的作用。

07 the Frog Shop

店内只售卖和青蛙相关的杂货，从一般生活用品到中小型装饰品应有尽有，让爱蛙人士眼花缭乱。

井之头公园：西东京的都市绿洲

2017年，也就是我写这本书的前一年，井之头公园（全名为井之头恩赐公园）迎来了建园100周年纪念。

作为昔日的江户人和现在的东京人最喜欢的场所之一——森林般的井之头公园，每到樱花季和红叶季都会变成如画般的仙境，尤其是在樱花飘落的那一周，樱花花瓣会洒满整个井之头池[1]。

井之头公园也是我第一次赏樱的地方，虽然不如新宿御苑地势平坦，但是被丛林和流水环绕的环境令人感觉非常惬意。这里并非和外面的街道完全隔绝的封闭式公园，入口处琳琅满目的酒吧和古着店太具诱惑力，在熟悉了这儿之后，我进入公园之前总会先去外面逛一圈儿。

1 井之头池：位于公园中心的涌水池，据说由德川家光命名，并称“没有比这更好喝的井水了”。

第一次来到井之头公园是因为学校的“握手摄影师”君，他带我来到这儿并和公园里的人们握手拍照。人们大多并不介意，友好配合。整个公园里都是些“怪人”——有趣的行为艺术家。他们有的将自己装扮成弥勒菩萨像，有的朗读漫画（之前提到的东方先生的第二根据地就在这里）。当然也有按照自己的节奏画写生的艺术家和美术爱好者。这让我不禁联想到《火花》[1]中不断在井之头练习漫才的两个年轻人。

当然除了平和美好外，关于井之头公园，也有一些令人毛骨悚然的都市传说。比如这里曾发生过井之头公园碎尸案，这也解释了为什么这么大的公园里却见不到垃圾桶。整个东京也因为这起案件，减少了垃圾桶的数量。

1《火花》：漫才师又吉直树的小说，讲述两个年轻人的漫才（类似双口相声的一种表演艺术形式）之路。

口琴小巷

每家店都是一个音符

来吉祥寺玩，晚上必去的地方就是挂满红灯笼的口琴小巷（ハーモニカ横丁）了。

这里是在“二战”后兴起的商店街，整条街都弥漫着昭和时代的气息。窄小的街区中密密麻麻地聚集了将近100家店，其中大多数是饮食店，小小的居酒屋、物产店、烧烤店挤在一起。

这里之所以被称为“口琴”，是因为住在武藏野市的作家龟井胜一郎在昭和三十七年（1962年）的市政讲座上，以口琴来形容这里店家密集排列的形态。

在吉祥寺附近居住的人，晚上非常喜欢来这里吃饭。

路过每家小店，都能够看到店主和客人愉快地交谈着，店里还播放着不同的背景音乐，让人不禁想要加入其中，听听他们的故事。

如果这条街真的是一把口琴的话，每一个小店也确实有着不同的音调呢！

三鹰天命反转住宅

让人永生的建筑

一提到三鹰市，除了吉卜力美术馆，我心中还有另一个秘密基地。

在三鹰散步观光的时候，有些人会注意到路边的一幢复合式住宅。它集球体、圆柱体、立方体等形状和鲜艳的颜色于一身，在寻常的日式住宅区中显得格外耀眼突出，好像童年时大家都搭建过的积木房子。

它的设计、建造者——建筑设计师、艺术家荒川修作和夫人玛德琳·金斯曾经说过，这个建筑作品在有人住进来之后，才算真正地“完成”了。

这里的每一个房间里，都有意想不到的设计，而其中很多设计是需要人用身体去感受的，不过在利用人类的本能去适应的同时，需要随时保持警觉，不要陷入松弛的状态。这就是命运反转之天机。

吉祥寺的咖啡和甜点

和美味来个一期一会

小时候看过一本叫作《吉祥寺咖啡屋》的漫画，漫画中的咖啡屋环境幽雅，从店长到打工的人都十分有趣。人们以喝饮料为契机，来到咖啡店里共享一个空间。

其实若只是想要提神的话，速溶咖啡和自动售货机里的咖啡也未尝不可。那么为什么一定要去咖啡店里喝呢？

“因为咖啡店是一杯‘咖啡’诞生的地方。”住在吉祥寺的朋友这样说，“当咖啡豆变成一杯摆在你面前的咖啡时，它的使命才真正地开始了。”

吉祥寺的咖啡店非常非常多，多到每拐过一个街角就会出现一大堆，让人不得不怀疑是不是因为这里的人们太闲了。但是仔细想想，闲都是从忙里偷出来的。

在碎片化的时间里，尤其对于我这种“井之头国”以外的来客而言，每次来到吉祥寺都会发现不同的店。日本有一个熟语叫作“一期一会”，指的是一生只有一次的缘分。很多店、很多美味对我来说就是这样的，所以每次来到这儿，我都会好好珍惜吃下肚的东西。

1 Ilcafe的魔女咖啡

位于吉祥寺美术馆的3层，平时的菜单就很诱人，在万圣节的时候还会出现“魔女卡布基诺”。

2 Bluesky咖啡

在井之头池畔的咖啡厅，虽然店面小但坚持自家烘焙咖啡豆。

咖啡不苦也不淡，味道刚刚好，杯子上印的天鹅船十分可爱。

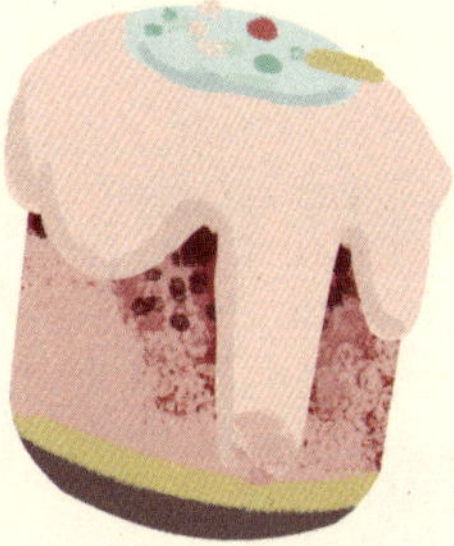

3 Peace刨冰店

这间刨冰店只有8个座位，所以经常需要排队，使用的是由指定农家每天供货的当季水果制作而成的调味酱，最近推出了看起来如同花灯的果冻刨冰。

4 Woodberry' s的酸奶冰

所有原料都采购自当地农园，食材天然。酸奶中透出水果的甜香，吃完一杯帕妃酸奶冰激凌让人感觉神清气爽。

5 Flipper' s的奇迹松饼

来到这家店之前我从来没有喜欢过松饼。松软得如同要化了一样的饼身配着正在融化的奶油和糖粉，入口即化。

吉卜力美术馆：宫崎骏的童话王国

作为一名动画专业的毕业生，来日本的首要任务一定是参观这座殿堂般的美术馆。

吉卜力美术馆的门票要在便利店或者官网提前购买，旺季时的门票甚至提前一个月就会售罄。从JR三鹰站下车，还要搭乘公交车才能来到这座离车站稍微有些距离的美术馆。

到了这里，突然变宽的街道和低矮的建筑，让我瞬间有一种重回城乡接合部的感觉……

在美术馆旁边观察一会儿，就基本上可以估算出它的规模。它并不是一个超级大的建筑物，而像是怪博士的小研究所。在入口处就能看到最熟悉的龙猫站在橱窗中，迎接着到来的人们。夏天，整个建筑会被绿油油的植物覆盖，一扇扇窗户就像是一只只眼睛，注视着前来一探究竟的人们。

想到这幢建筑是由宫崎骏本人设计的，就会有种“绝对不会失望”的期待，毕竟这是一位崇尚完美主义的艺术家。走进这幢建筑，犹如深入他的内心世界。

美术馆有3层，第1层位于地下，作为“土星座”迷你影院和动画制作展示室；2层为外来作品特展室以及宫崎骏工作室；3层为游乐区：小猫巴士、吉卜力陈列室以及纪念品店；上面还有一座屋顶花园。

用预订的票换来的正式门票居然是用35mm的胶片制成的，内容是随机的吉卜力动画作品

高円寺 Kōenji

第十三站

中央线上“日本的印度”

居酒屋
グルメハウス
薔薇亭
素人の乱

大中央线主义

从新宿坐中央线急行，驶过两站就能到达高円寺。

“高円寺就像是大人版的下北泽吧！”很多人都这么说。

这儿没有大型商店，都是零散的小店铺。密集分布的旧货店、古董店和live house以及相似的文化属性，让人的确容易将这里同下北泽进行比较。

高円寺的历史和文化背景显然比下北泽厚重不少，所以又有了这样的说法——高円寺是到了中年也会散漫度日的文化人聚集地。

和一般人印象中的日本不同，这里的街道充满了杂乱和无序，里巷深处还藏着不少研究学会和秘密会员制酒吧。自由的风气体现在各个角落，例如随意贴在墙上的小广告、墙上的涂鸦等，日本文化学者三浦纯称这里是“日本的印度”。

PENGUIN HOUSE
BIF
OPEN
PUNK
Live House
02
高円寺北公园
01
竹下精肉店
肉の竹下
竹下精肉店
04
高野青果
05
高野青果店
Fatz`s
03
Hobby
Mode off
Liquid
猫の额
06
纯情商店街
07
猫的额
CAT
おでん
站前的朋克们
酒処
中通り商店街
KFC
08
阿佐谷站
高円寺站
中野站
おしゃれのガイジン
FURUGI
ガイジン
梦幻少女风古着
pal
Pal商店街
餃子
0円
ETIENNE MARCEL
SAINT-MICHEL
ALESIA
MILITAIRE
ODÉON
OTORA
Otora
09
PAPER
MOON
3F
12
DonDonDown
on Wednesday
SLUT
11
美式定番
Under 700
激安古着
kiki
13
高圓寺
10
宿凤山高円寺

Kōenji Map

01 高円寺北公园

“可以看见两个月亮的儿童公园，高円寺。”从车站南口向居民区的方向走一段，四周的商店街越来越少，就会看到一个再寻常不过的儿童公园了。因为不是什么有名的地标，也少有人知道这里就是村上春树《1Q84》里儿童公园的原型，所以平时也基本不会有人来。不过躺在滑梯上看看天空，也许会体会到作者的心情吧。

02 Live House

高円寺的车站两侧，分布着许多规模不大、风格各异的live house，在街上也可以看到背着各种乐器走来走去的乐手们。走在夜晚的纯情商店街，经常会碰到不知道在哪里结束了演出的朋克青年们，顶着五颜六色的头发，在道路上喝酒聊天。

03 Fatz’s

这家汉堡店的老板来自美国西海岸，如果想要品尝味道正宗的汉堡，这里不失为一个好选择。从蔬菜、肉类、酱汁到配菜都可以自己选择，也就是可以制作属于自己的汉堡。鲜嫩多汁的牛肉饼，和各式各样的奶酪，都令人垂涎三尺。

04 竹下精肉店

纯情商店街入口非常亲民的肉类产品商店，招牌上大大的“松阪牛”十分吸引人，没想到在如此亲民的地方还可以买到高级食材。

05 高野青果店

车站出口附近的水果店，充满了生活气息，卖的水果又便宜又好吃。

06 Hobby/Mode/Liquid Off

凡是加了“off”的店都是二手店。高円寺的这家店集合了服饰、玩具和酒三个品类，针对百姓的低价方针，让游客也流连忘返。

07 猫的额

如果喜欢猫咪的话，不妨去中通街里这间名为“猫の額”的猫主题杂货店看看。这里不仅有各种各样以猫为主题的饰品、杂货，还作为画廊展示猫主题的画作，平均两周更新一次。

08 麦当劳和肯德基

这里的麦当劳和肯德基店面挨得很近，让我想起北京“有麦当劳的地方必定会有肯德基”的定律，不禁产生了一种怀念的心情。

09 Otora

在高円寺南口的这间古着店散发出一种“the古着”的确定感，从室外的陈列中可以看到有许多便宜的和服羽织外套，室内各种风格的古着也都便宜得令人吃惊，很难让人不买点什么。

10 宿凤山高円寺

高円寺这个地名来源于这个安静的寺院，然而寺院前的石碑上刻着的却是汉字“高圆寺”，但似乎没有什么特别神秘的含义。这里确实是一个夏季乘凉的好去处。

11 DonDonDown on Wednesday

一家有名的古着连锁店，水果形状的价签是店里的特色，每天的特价商品中，不同水果代表的折扣也不同。在每个水曜日（星期三）的时候，衣服的价格就会dondon的down（降）下去！

12 Paper Moon

高円寺南口的古着店，贩卖的都是休闲风格的男装，但也很适合女生穿着。商品价格便宜，十分适合搭配，在这里偶尔还会淘到一些宝物。

13 Kiki

在高円寺有两家店铺，店内贩售的基本都是甜美风格的女装古着。从收银台到店内陈设都十分可爱的Kiki，就像是小时候玩芭比娃娃时憧憬的公主房。

大中央线主义

高円寺的神秘吉祥物Psyche Delhi就是非常“印度”的存在，拥有一种叫作“舔舔happy power”的魔力，出席各种活动都四处舔人。虽然他长成这样，可是却性别不明。因为要练习跳阿波舞，所以我脚上穿的是传统的足袋

东西走向的中央线历史悠久，并且是唯一一条横跨东京的电车线路。

沿线每一站自然生长的都市文化都很值得琢磨，中央线将这些独具特色的小都市连接起来。电车输送的不只是人，更多的是有趣的意识形态。

K太郎

正宗高円寺朋克，白天开垃圾车，晚上在纯情商店街中进行乐队活动

我的朋友鱼鱼

北京生高円寺人，小提琴、低音贝斯手，喜欢教当地的朋克们说北京话

从20世纪60年代起，欧美文化就深深地影响着中央线沿线的各个大站，特别是反体制年轻人聚集圣地——和吉祥寺、国分寺并称为中央线上“三寺”的高円寺。除了共同的“寺”以外，counter culture（反抗文化）也是它们共通的精神内核。就算是到了21世纪，还是能够在这一站看到很多嬉皮士和朋克青年。

阿波舞大会

用舞蹈送走夏天

若说什么能够代表日本的夏天的话，阿波舞[1]肯定是当仁不让的。

近几年阿波舞经常被称作日本版“广场舞”，想想也的确很像。

高円寺的阿波舞大会在每年8月下旬（一般是8月的最后一个周末）举行。在JR高円寺站前至东京地铁新高円寺站前的大街上，在这最后一个属于夏天的周末，人们载歌载舞送走夏天，让进入秋天的自己不留遗憾。

一般的日本传统祭典都是人们围绕着高台载歌载舞，但在街道并不宽敞的高円寺，该怎么开展夏祭呢？20世纪50年代末，高円寺的街道委员会一直在为这件事烦恼。

当时有人说：“虽然我没看过，但听说在四国的德岛县有一种盆舞叫阿波舞。”

于是借鉴了德岛的舞蹈，高円寺的居民们设计了一种“高円寺傻瓜舞”（高円寺ばか踊り），尽可能

---

1 阿波舞：起源于日本德岛县（令制国时代为阿波国）的一种盆舞（盂兰盆节的舞蹈）。阿波舞是用三味线、太鼓、钲鼓、筱笛以二拍子的节奏伴奏，搭配舞蹈者的声音及手部动作的集体舞蹈，但并没有特别固定的模式，相当随兴，由于发音和动作的缘故也被称作阿呆舞。

地靠近原汁原味的阿波舞。就这样持续了3年，德岛阿波舞协会注意到了这件事，真的和高円寺阿波舞协会携手，将傻瓜舞正式命名为“东京高円寺阿波舞”。

第一次看到阿波舞的队伍的时候，心里突然出现了一种奇怪的共鸣和没根据的怀念，明明是初次相遇，却仿佛被唤醒了熟悉的记忆，这就是刻在我DNA中的傻瓜的部分在作祟吧。

跳舞的是“傻瓜”，看跳舞的人也是“傻瓜”，大家就都会很开心。

但是还有一点我一直不明白，就是下北泽的各种招牌上，也会写着“下北泽特产——阿波舞”。

到底阿波舞是哪里的特产呢？

祭典上的小吃摊儿

在夏天的祭典上，总是少不了传来阵阵香气的小吃摊儿（屋台）。一边看阿波舞，一边享受路边的小吃，夏天就是要这么惬意。

不过每次看到小吃摊儿后面做饭的人，我就会想到日本黑帮故事，据说一般的黑帮组织会分为三大体系——博徒系、愚连队和的屋系。博徒系顾名思义是赌博组织、愚连队是不良少年，的屋系就是主管祭典周边的屋台的。

“其实就像是街道委员会一样呢！”

仔细想了想，也不无道理。

每次参加祭典的时候，都要忍不住多看几眼在摊位后面做饭的人，看看是不是能瞥到一丝任侠的风采。

炒面（焼きそば）

继承了中国炒面的烹饪手法，将面和酱汁、包菜等配料放在铁板上爆炒，是祭典上最常见的一种小吃。我第一次尝试时吃到的还是飞碟炒面传入中国时的方便面版本。

巧克力香蕉（チョコバナナ）

将香蕉去皮，均匀地蘸上巧克力酱和彩色糖粉后迅速冷藏，就变成了一根根五彩的巧克力香蕉棒。入口后感觉有点像在吃一种西式甜点。

章鱼小丸子（たこ焼き）

在祭典上最具人气的小吃就是章鱼小丸子了，做法是在生面团中放入切成块的章鱼脚，做成直径3—5cm的丸子。据说大阪派用牙签戳，东京派用筷子夹，而更早的时候是用竹签子串成一串吃。很久以前，日本人就致力于研究加热后的面团，所以事实上它的前身是一种叫作收音机烧（ラジオ焼き）的丸子。收音机烧看起来像是没有封口的丸子，里面是牛肉和魔芋。当时发明它的厨师希望这种食物能像收音机一样珍贵，就给它取了这个名字。后来的章鱼小丸子则是封了口的丸子，馅儿也变成了章鱼脚。

苹果糖（りんご飴）

口感有点像冰糖葫芦的苹果糖，其实并不是日本本土的，而是一种源于英国万圣节的传统食物。它本来是用于应付“不给钱就捣蛋”的小孩的，在明治维新时期才传到日本。

纯情商店街的纯情发现

高円寺纯情商店街位于高円寺北口，它的名字来自一部小说的书名——《高円寺纯情商店街》（ねじめ正一著），这本讲述高円寺的小说出版后大受欢迎，获得了1989年的直木奖。此后原本的“高円寺银座商店街”就变成了现在的名字。

现在这条商店街上，满布着古着店和美食店。本来这条街不是针对游客的新社区，这里的居民也都是本地人。美容院、蔬菜店、定食店、澡堂子等设施，都是为了原本住在这条街上的人们而存在的。

“我觉得年轻人来了挺好的，多亏了他们，这里才变得更有生气了。”有一天，在高円寺的纯情商店街，我和一位高龄的定食店主聊天的时候，她这么说道：“年轻人带来了古着店、咖啡店，虽然不适合我吧，但是一味怀旧的话，街就死了。如果想吃点家常菜，常来就是了。”

这里有一家介于图书馆和咖啡馆之间的奇妙“读书馆”，在这家店里，能进入你耳中的，只有鱼缸的水流声和时钟的滴答声。店内为了营造自然的气氛，布置了大量的植物，以及热带鱼鱼缸等，来客仿佛进入了宫崎骏营造的童话世界。

“我喜欢在不同的地方读书，有时候是咖啡馆，有时候是公园或者河边。不同的书我想在不同的地方阅读，但是最喜欢的还是在树林里看书，十分放松。所以我想把这里变成有树林、也有鱼的地方。”店主这样说道。

Hattifnatt：绘本般的咖啡店

“这个店名到底怎么念？”

我和Etsuna对着这间童话森林一样的小木屋发起愁来。

Etsuna是个拥有自己品牌的纯手工设计师，也是两个孩子的妈妈，总是能在东京的街头巷尾发现各种梦幻可爱的小店，这家叫作Hattifnatt的咖啡店也是她发现的乐园。

通过矮小的入口，登上窄窄的楼梯，眼前满是插画师Marini Monteany的墙绘，熊、兔子、小马等小动物在梦幻的森林中游玩，坐在店里的客人也大多是来开“女子会”的。

但是说实话，等位的时间太长有时可能会破坏梦幻的感觉。

好吃的南瓜蛋糕

咖啡里面有可爱的人物拉花图案，喝起来口感也很新奇。

选择你想要的一段历史

被称作古着之神的造型师Harata说："说到最喜欢去的古着店，大多还是在高円寺吧。"

虽然原宿也有不少古着店，但是大多都是类似于连锁的thrift shop的店铺，即二手回收店、旧货店。如果说那些店都是入门级别的话，那么高円寺就是御宅的古着胜地了。对特定年代、特定风格等有要求的人，就可以选择高円寺了。

1. 损伤度
——把握你想要的"旧味道"程度

古着很可能会出现布料损伤、线头松散等问题，但是牛仔质地的衣服可能也会因为损伤而更有韵味。若是出现诸如拉链损伤、衣服内部有破洞等致命伤的话，最好慎重考虑一下。

当然如果是想买来改造，或是遇到了非常想要的品牌就另当别论了。很多负责任的古着店也会将有损伤的部位标出来，方便你查看。

2. 污渍
——要慎重对待洗不掉的污渍

褪色和稍稍的染色都会让古着变得有它自己独特的味道，但是要注意检查肩膀、腋下处难以洗净的汗渍和油渍。

总之如果是自己穿，还是要严格一点比较好，如果是收藏用，就可以不用在意。如果店里灯光很昏暗看不清的话，就拿手机的手电筒照一下细节吧！

3. 尺寸
——不要光看表面！自己穿上试！

有年头的衣服大多设计非常独特，如果不试一下的话是不会知道尺寸大小的，特别是肩宽，有时候差一点都会影响效果。很多古着店都有试衣间，还是多去试一试吧。

4. 味道
——是否有发霉和土的味道，以及确认重点部位

现在很多好的古着店都会在上架之前将衣服好好清洗一下，负责任的店家更会统一严格消毒（这就是为什么很多店里都会有消毒剂的味道）。确认这件事情的方法是闻一下布料的味道，特别是有类似霉点或汗渍的地方，如果有很重的霉味或其他难闻的气味，就说明这家店在处理衣服的态度上有点随便了。

5. 走形度
——确认纤维的老化度

经常被洗涤的衣服，其纤维经过不断的抻拉，很多都失去了弹性。当然，有些款式变得宽大或者走形的话，也会有独特的味道。但是，如果走形太厉害了就会出现左右不对称的情况，所以还是花点时间确认一下比较保险。

鶯谷駅

第十四站

莺谷 Uguisudani

藏着秘密基地的山手线大冷门

山手线上最土的一站

Uguisudani Map

01 自动贩卖机

这里可以说是东京的下町，东京的下町地区几乎没有著名的地标性观光景点，但却有着独特的带有岁月痕迹的生活气息。这里自动贩卖机里的饮料比市中心的要便宜20到30日元，都是没见过的牌子，喝起来区别不大，有种捡着便宜也满足了猎奇心的感觉。

02 定期出现的“怪人”

每个月的第一个周末，这里总是会出现一群穿着奇异、与社区氛围格格不入的“怪人”。他们多是去参加名为DepaH的恋物聚会的爱好者们。虽然他们的装扮奇怪，但绝对不会打扰居民的生活。甚至有些人多年居住于此，都不知道还有这种活动。

03 Love Hotel[1]区

莺谷站附近有许许多多的爱情旅店，由此可以窥见其红灯区面貌的一角。但是这么冷清的地方，似乎难同风花雪月的事情扯上关系。街头巷尾不见歌舞伎町那种花枝招展的女郎，只有戴着口罩的中年男女的身影消失在酒店门口。

04 新世纪舞厅

位于东京キネマ俱乐部旁边的新世纪舞厅，是一个历史悠久的交际舞大厅，从下午就可以开始入场。这里的装潢充满了昭和时代的优雅气息，还有专业的乐队伴奏。如果不会跳的话，可以跟着老师学习舞步（需要额外交费）。

05 官财板面包

距离车站不远的巷子中，有一家卖炸吐司的小食店总是香飘十里。这种叫作官财板的食物源自台南夜市。首先将厚吐司片炸到金黄色后捞起，将中间挖空，再放入高汤煮过的鸡肉、豌豆、萝卜和墨鱼等，用少许牛奶勾芡，最后放上吐司的盖子就完成了。因为形状像真正的棺材板，所以就有了这个名字。这家店在土特产相对匮乏的莺谷站来说，应该可以成为代表美食店了。

06 迷路的外国人

由于这里临近上野公园与谷中银座两个观光地，所以总会有看着GPS定位步行来到此处的外国人。当他们发现自己身处“前不着村后不着店”的地方时，脸上往往挂着希望从周围贫瘠的景色中找点乐趣的表情。

1 Love Hotel（ラブホテル）：即爱情旅店，一种计时酒店，顾客可在此享受一段时间的私人空间，进行不可描述之事，房间内会提供情趣用品、设施等。

01
自动贩卖机
02
定期出现的“怪人”
萩の湯
03
Love Hotel 区
新世纪舞厅
04
东京キネマ俱乐部
官财板面包
日暮里站
山手线
莺谷站
05
京滨东北线
上野站
06
谷中银座
焼肉 鶯谷園
KIRIN
キリンビール
SEED
where am?
MAP
しにものぐるい
たばこ

最土的一站？

很多东京人说起莺谷这一站，大致的印象都是“土里土气”，在去年的一次民意调查中，莺谷被评为山手线上最土的一站。无论是沿途林立的爱情旅店，还是根本就没有下车的契机之类的理由，都让人有意无意地忽视了它。一个朋友形容道：“也不知道去那里做什么，莺谷就像是平地上被跨过去的坑一样。”

但就是在这样不起眼的一站，隐藏着全东京最奇怪的聚会。

东京キネマ倶乐部

在这一站周围生活了10年的好朋友常常提起，在莺谷站的南口边上，每隔一个月，总是能见到奇奇怪怪的人带着行李来到这里。

表面上无法窥见其真实面目的街道里，到底隐藏着什么秘密?

与在和尚酒吧认识的小姐姐聊天的时候，她突然提起：“你知道东京キネマ倶乐部的Department H吗？要不要一起去？”

Department H的全称是Department H2099，H是日语中变态（hentai）的缩写。

每个月的第一个周六，莺谷车站前的东京キネマ倶乐部都会在午夜12点举办一个神秘的活动,主要面向的人群是恋物癖者（恋物癖的日语叫作フェチ,フェチ是fetishism的缩写，也就是将特定的无生命物体或人的部位当作迷恋对象的行为）。当然也有很多人是借此机会释放天性，当它是一个可以任意cosplay的场所。

东京キネマ倶乐部本身并不是什么奇怪的场所，它是一个具有大正时代风情的剧院，模拟旧时代夜总会的结构建造，常会有一些演奏会和演唱会在这里举行。

DepaH：恋物癖者的秘密舞会

当我表示非常有兴趣参加DepaH后，在和尚酒吧认识的小姐姐给我看了一张照片，我立刻下定决心要和她去看看。

这张照片上的她穿着紧身皮衣，手里拿着鞭子，俨然就是教科书级别的女王形象，实在让我难以将之和眼前笑容可掬、穿着传统和服的她联系到一起。

小姐姐告诉我，她是这个活动的内部成员，如果我可以担任她的摄影师，就可以免费入场。

没想到这么快就能参与这个“邪教”仪式一样的集会，直到踏进午夜12点的俱乐部之前，我都是处于心跳加速的状态。

深夜的俱乐部门口，几位男扮女装的审查员，以及蹬踏着“恐龙腿”的安保人员维持着入场前的秩序，也不时和常客打情骂俏。入场者们正处在极度兴奋的状态之中。

入场的费用是5000日元，持有海报或宣传卡片的是4500日元，如果当日会cosplay的话就是3000日元（当然cosplay合不合格还要看审查员的喜好）。

在车站集合的时候，小姐姐已经进行了部分的换装，等待另一位朋友的时候，她就在车站前不顾他人的眼光迅速换上了渔网袜和短裤，速度之快令我惊讶。好在这一站在接近午夜12点的时候除了来参加聚会的也没有其他人了。

进入会场以后，就好像新世界的大门被打开。入口的水槽里躺着一个半裸的艺妓，犹如被困住的金鱼，据说每次水槽里躺着的人都是不一样的。表演的节目有五六个，当地下艺术家们一个个从复古的红幕布后亮相的时候，簇拥在舞台下的观众不由地尖叫连连。

DepaH的人们

变装皇后Drag Queen

DepaH中可以看到各种打扮成高贵妇人的DQ，例如表演的司仪、会场的秩序维持人员，还有入场的审查员，严厉又温柔的他们深得大家喜爱。

享受自己坏品位的Homo君

Homo君是带我来的小姐姐的朋友，他自我介绍是IT男，正如其名字，他本人也是个homo（homo是homosexual的缩写，特指男同性恋，有的时候这样的叫法是蔑称，但可能Homo君喜欢自嘲）。

他在会场里穿上背心，并且拿出口红说希望变成望月峰太郎的漫画作品《末日》里的邪恶角色。我们帮他在全身上下画上了点点，他一边笑一边说：“哈哈哈我变得好恶心呀！最高（在日语里有好棒的意思）！”似乎非常享受自己变成品位非常糟糕的样子。

Cosplay爱好者

在会场里穿梭的coser会让人放下心来，在这样的场合里，他们反而显得比较正常。在这些coser中比较特别的是kig族（kig是kigurumi的缩写，是指通过穿戴包裹全身的服饰来扮演二次元人物）。

在登台的节目中，有一些早期动画歌手的歌唱节目，表演时会看到很多身着动画角色衣服的客人手拿荧光棒，疯狂地舞动打Call[1]。

乳胶一族

会场里还是有点拥挤的，等待节目开始时我已经觉得有点热了。但是人群中有一簇人像是一个小团体一样，都身着非常紧身的乳胶衣服，风格却各不相同，有的甚至把脸也包住了，有的则带了动物的头套。朋友跟我说，喜欢乳胶可能有很多原因，就像很多人喜欢抽烟一样，穿着这样的衣服就像是拥有了第二层皮肤。

1 打Call：荧光棒舞蹈（通称Wota艺）的一种，是演唱会等现场活动中一种引人注目的应援行为。表现为根据歌词中的要素喊口号，跟着音乐的节奏摆动，并挥舞荧光棒等。

狂欢后的清晨：东京的早班电车

节目结束后，走出俱乐部就已经是太阳初升的6点多了。突然从狂欢的黑暗氛围中脱离出来，就仿佛匹诺曹从鲸鱼的腹中重回世界一样。

莺谷早晨的街上，只有这些疲惫的怪咖们迈着普通的、人类的步伐走向电车。就算是早晨6点，车上也已经坐了很多乘客了。

仔细观察了一下他们的分类，大概是这样的：

1. 男性占压倒性的多数，且多为上班族，年龄大多在35岁以上。

2. 少数的女性基本上都是刚熬了通宵，准备回家补觉的状态。

3. 拎着箱子去机场的人们。

感觉早晨的电车，真的是大叔的专车呀。

无拉面不欢的东京

在东京的各个地方都有风味不同的拉面店[1]。

我们在国内吃到的大多是博多风味（豚骨白汤+细面）的拉面，仅将这一类称为日式拉面，其实是不准确的。

现在的拉面已经不限于一种风格，而是如同时装一样，无时无刻不在变化着。

1 在东京经常可以看到拉面摊儿，它们行踪不定，夜晚常出没在很多车站附近，起源于九州一带。很多拉面店都是从拉面摊儿做起的，但是最近由于卫生问题，很多摊贩面临被取缔。

走进拉面店

拉面是由高汤（出汁）和酱汁（タレ）构成的，不同的组合会带来不同的口感。

2010年之后，东京的拉面界掀起了一股清淡系旋风，比如用脂肪含量低的鸡鸭骨汤代替脂肪含量高的猪骨汤，在制面的时候也用豆腐面或魔芋面代替传统面（正合我意）。虽然有很多拉面爱好者表示这些都是歪门邪道，但是对于我来说，看这种平民美食不断地进化，可是一种乐趣呢。

面码（めんま）：即笋干，以产于广东、台湾的麻笋为原料，煮后晒干或腌制而成。

海苔（のり）：用来提味的海苔，嘎嘣脆。

风味鸡蛋（味玉）：一种酱油腌过的煮鸡蛋，特别之处是蛋黄是半熟的。

叉烧（チャーシュー）：从中文来的"叉烧"，是一碗面的主角之一。根据面的不同种类，也可能会变成"叉牛""叉鸡"或"叉鸭"。

葱（ねぎ）：根据风格的不同，有的面选用白葱，有的选用青葱。

拉面（麺）：根据不同的风格会使用不同粗细的面，有些店家用的是自家研制的面，有些店家则是购买便宜的业务用拉面。

蘸面（つけ麺）

一般有拉面的店里，也会有这种面。

将拉面用吃荞麦面的方式食用——拉面捞干装盘（可以选择过冷水或不过），和另外单独熬制好的蘸汤一同上桌，筋道的面条蘸上热乎乎的汤汁，使食客的味觉层次一下子变得更加丰富。为了让入味儿的汤汁包裹住面身，用来蘸面的汤汁基本上都比较浓稠，不过一切都可以让食客自己控制。吃完面后，还可以叫上一碗清汤（割りスープ），加在吃剩下的蘸汤中喝掉，原汤化原食，有助于消化。

油拌面（油そば）

有些拉面店中可能会有油拌面，也有很多专门的油拌面店。

一般来说，油拌面和中国的拌面口感差不多，就是一碗没有汤的拉面。

在碗底放入芝麻油以及酱汁，在表面放上和拉面一样的配菜（叉烧、葱等），搅拌起来即可食用。食客可按照个人喜好加入辣油、白醋等，我一定会在里面加上一个风味鸡蛋，把蛋黄搅拌在面里，中和掉油腻的感觉。

第十五站

银座 Ginza

大人的街道里，有大人才懂的秘密

『大人』的银座

01 游客队伍

在银座的中央通一带，许多辆大型旅游巴士所到之处，云集着各种大大小小的旅行团。普通话、印度语、英语、法语席卷而来，这里顿时成了一座世界公园。

02 和光百货

建于1932年的和光百货（WAKO），前身是服部钟表店（现精工控股株式会社）的零售部，位于银座四丁目交叉口，楼顶的和光钟楼是银座的地标之一。时钟塔的大钟使用了高精度的最新精工石英钟，每到整点就会响起威斯敏斯特式钟声。

03 炼瓦亭

于明治二十八年（1895年）创建，是日本最具传奇色彩的西餐馆。之所以叫炼瓦亭，是由于在1872年银座大火中，原本的木制建筑被焚烧殆尽，于是日本政府用防火砖瓦在此建造了西洋风格的炼瓦街，银座也因此被称为炼瓦地。传说中该店是蛋包饭的诞生地。

04 银座中央通

银座中央通的商店街诠释了东京的繁华。日本国内外的高级品牌、历史悠久的和服店都云集于此。一面面的商店橱窗中，展示了东京的流行进行时。周末的时候，这里会禁止通车，变成“步行者天国”。悠闲地漫步于此，或是在街旁的露天咖啡馆小坐片刻都是十分惬意的。

05 GINZA SIX

顾名思义，six指的就是银座六丁目。这间巨大的商厦直接合并了两个街区，占地9000多平方米。它由日本建筑师谷口吉生设计，添加了日式的屋檐与暖帘，在室内设计中融汇了日本和海外艺术家的装置作品。它的宣传片是由椎名林檎和松本敦共同出演的。

06 三越百货

位于银座四丁目的十字路口，是同和光百货比肩的地标建筑。三越百货是贩卖高级服装、饰品的地方，是贵妇会去的百货店。立在百货商店门口的狮子铜像是其标志。

Map

07 银座路牌上的猫咪

在银座四丁目和六丁目的街道招牌上总会出现两三只带着项圈的可爱猫咪，在如此狭窄的路牌上一动不动，总让人感到可疑。

08 和服美人

在银座的街头，能看到很多身着面料讲究的和服的美人们。比起观光客喜欢的抢眼的颜色，这些人的和服颜色更加淡雅和庄重，搭配西洋服饰，更增添了一种东西方融合的美感。

09 闪闪发亮的马路

每当夜晚降临，银座的马路被路灯照耀，上面铺着的小石子就会闪闪发亮，不禁让我有一种错觉，仿佛自己正踏在银河上。

10 歌舞伎座

歌舞伎拥有超过400年的历史，观赏歌舞伎在日本是一种老少皆宜的娱乐方式。歌舞伎座就是歌舞伎的专用剧场，1889年11月21日开业以来，曾遭受火灾、经历战火，历经数次的烧毁、修复、改建，如今的它是拥有1808个座位的大型剧场。全新落成的歌舞伎座十分吸引人，光是看着就令人精神愉悦。

11 银座的小画廊

银座大大小小的画廊数量很多，据说全日本四分之一的画廊都汇集于此。从有知名赞助商冠名的大画廊，到地下主攻黑暗美学的小画廊，应有尽有。只要你在街上拐个弯，“新视界”的大门就会向你敞开。

闪闪发亮的马路

在2012年来到东京上学之前，我曾经因为选择学校的事情和母亲一起来东京旅游过，不知道为什么，随行的还有母亲的一些女性朋友，她们似乎对那次的东京之行策划已久。

在短短3天里，只有2个小时不到的时间是和学校事务相关的（事实上我已经被录取了，只是来看看学校的设施以及和导师见面的），剩下的时间就是陪同女士们进行处心积虑的消费主义狩猎了。作为唯一懂日文的人，我的存在就是她们的希望。

就算是没有来过东京的人也知道银座，这个名字就像是东京大都市的心脏一样，蓬勃地跳跃着，不眠不休地产出高档时装、金银珠宝和风雅艺术，它可以说是所有向往东京的人们的梦想。

对大型商厦并没有多大兴趣的我，被太多亮晶晶的建筑物闪得眼花缭乱，不由地低下了头，才发现银座的马路也是亮晶晶的，如同银河。

我突然觉得，来到东京找寻梦想的人们，看到这亮晶晶的地面，眼睛里也是光彩熠熠的吧。

“大人”的银座

因为住的地方离银座并不近，所以在上学的时候我并不是经常去银座。偶尔去的几次还会碰到停在车站附近数寄屋桥下的旅行大巴，连带着一众游客乌泱泱地堵在四丁目的路口，甚是吵闹。记得那时每次遇到这样的巴士和人群我都会躲得远远的，提到银座的时候也会略带轻蔑地说：“哦，专门来买名牌的游客太多了，俗气。”

现在想想，其实那时候的自己也和这些人没什么区别。银座真正有趣的地方并不在于它物质的一面，而是当经验和认识逐渐积累，终于有一天突然在银座发现了真正“闪闪发亮之物”的那一刻。每个人想得到的东西各不相同，有些人想要有形的，有些人想要无形的。这里所有的物质与精神都会被贴上价格标签出售，只要有钱，所有需求都会被满足。

日本的很多杂志和文学作品中，都说到银座是“大人”的街道。究竟到了什么时候，孩子才会变成“大人”呢？我觉得可能并不是由年龄决定的，因为有很多人到死也没有变成“大人”。

“能够尽情享乐的人，才是大人啊！”

穿着风格和洋结合的老绅士，就算是平时出行，也会带上礼帽

虽然是一头白发，但是身材依然健美的女士，穿老年服饰？不可能的，一辈子都要时髦

银座街道上的和服Lady

浴衣

夏天穿着的和服，可以说是和服的休闲款。比起隆重的和服来说，它的质地十分轻薄，由沐浴后穿着的真正的浴衣发展而来。轻薄的质地和简单的穿着方法，让它成为夏天祭典和花火大会时人们的首选。

和服美人

银座的街上，总能看到一些穿着十分得体的和服美人，其中很多都已经头发花白了。精致的搭配，让她们远远看去就像一道风景线。从小包到发簪，从内搭到外面的羽织外套，都十分考究。

大正浪漫

大正时代，日本受到欧洲的浪漫主义影响，掀起一阵将西方的几何摩登图案与配饰同日本传统和服相结合的流行风潮，和服不再只是传统服饰。现在的日本，也有很多男女老少穿着和洋结合（就像是中国的中西结合）的服装走在大街上，十分优雅。

新式穿法

在外国人看来，每一套和服都包含着不止一件独立的单品，有的时候会激发意想不到的穿搭思路。比如我就会用道行来搭配衬衫，让它变成一件连衣裙。但是在搭配的时候，还是要注意场合，正式场合如果将和服正装穿错了，可能会有反效果。

艺术大厦的都市戏剧

让我发现银座闪闪发光的一个关键事件，就是和奥野大厦的相遇。

奥野大厦位于位置稍偏、略显寂静的银座一丁目。它在1932年竣工，由川元良一设计，曾经名为旧银座公寓。

当年这座最摩登的大厦，现在和毗邻的几座新楼比起来，就像是被时间氧化了一样暗淡无光，让我很难想象它曾经是各种上流人士居住的场所。但是能够在关东大地震中完好地幸存下来（据说周围的工厂都被震塌了），“二战”时幸运地在空袭中平安无事，也真的是很神奇的一件事儿。

它的入口十分不起眼，如果不是看着GPS反复确认地点，这栋没有什么招牌的大厦简直像是在和我捉迷藏。

奥野大厦是日本第一座配备电梯的大厦，推开它的大门，我有一种错觉，仿佛回到了国内居民楼的一楼。信箱上密密麻麻贴着很多标牌——不是住户，而是各种艺术事务所、画廊和古董杂货店的告示，有的甚至直接把画展的明信片贴在了信箱上。瓷砖覆盖着的大厅让我产生了一种既视感——仿佛在梦中也来过这个不属于这个时代的大厅，大概引发这种感觉的还有类似地下室湿气的味道。

大厅的尽头就是存活了80年的电梯，寻思了一下真的是太魔幻了。显示楼层的不是液晶或者LED显示屏，而是如同表盘上半部分的半圆形机械显示盘。电梯拉门是手动的，我有点激动地等着电梯到来，然后将外面的黄色折叠门拉开（有内外两层门）——比想象的重，一只手有点费劲。我调整了一下，打算换

成双手开门，没想到弹回去的门就再也没打开过，电梯在我的眼前吱吱嘎嘎地上行了。

走楼梯也没关系，我转向楼梯，这里真的和我梦中的场景一模一样——楼梯与楼梯之间突然出现的窗户，剥落的墙纸，以及很多用途不明的房间。如果没有锁门的话，我是真的想去看看每一个房间。这里的楼道同胡同弄堂一样，塞满了各种东西，仿佛把室外的小巷搬入了大厦里。

奥野大厦里群聚的画廊基本规模都不大，所以展出的规模和作品的题材也受到了限制。最令我惊讶的是，在银座这样的主流商业区，奥野大厦里却意外地有着很多以暗黑哥特风格为主题的小画廊，作者群体也稍显年轻，更具实验性。

沿着混凝土楼梯走到六楼，突然听到从角落的房间里传来此起彼伏的猫叫，像人发出来的，也像猫发出来的。顺着声音走到楼道的拐角，看到几个大概是和我一样好奇的人正趴在门缝处窥视。原来在狭窄的房子里，居然还有个实验剧场，一出名叫《猫町绮谭》的话剧正在门后上演。一墙之隔竟然有着完全不同的世界！

“大人”的浪漫甜点：和果子[1]

甜点就是吃起来会让人心情变好的东西，但为了饱腹而吃和为了享乐而吃，完全是两种不同的感觉。

“最近的东京尽是些‘洋’果子甜品店，可能很多年轻人都忘了还有和果子吧。”

“去百货商店买个蛋糕都要排队呢，还有什么新开的松饼店之类的，可能看上去比较时髦吧。年轻人就喜欢时髦的东西。”

在银座的和果子店里，我听到了这样的对话。

的确，在和果子店里放眼望去，客人基本上都是年纪较大的日本人，或者外国人。

从外国人的视角看，和果子对我来说还是非常新鲜的。

首先，可以从时令和果子的变化看到不同的四季气氛。也许这是在地大物博、四季如春的国家感受不到的一种小温暖。当季才有的食材和对应的情景使得这种期间限定显得更珍贵。

其次，很多和果子的造型都像是艺术品一样，精雕细琢，让人不忍下口。（这是不是年轻人不爱吃的理由？因为舍不得吃！）

然而，对于和果子被评价为太甜的这件事，我一直无法认同。

配合茶饮食用的甜品，就像是吃饭时的小菜一样，因为有搭配才能体现出味道设计的巧妙。缺少其中哪一个环节，都没办法进行真正公正的判断。日本茶道中品的抹茶，口感苦涩，用来中和这种苦涩的和果子就是一个很好的平衡剂。

在银座能够买到和果子的地方，很多都是从江户时代传承至今的百年老店。

能够被喜爱100年的点心，到底是怎样的呢？

让我挑出喜欢的几个，昭告天下。

虎屋的羊羹（ようかん）

招牌羊羹：夜之梅小豆羊羹

小时候在北京，我吃过这样一种点心：羊肝羹。听起来肉腥味儿很足，但是吃起来却一点腥味儿都没有。所以我一直认为这个甜甜的冻状物里面可能含有一种从羊的肝脏中提取的物质。后来才知道，“羊羹”就像“素鸡”“太阳饼”一样，食物里面并没有“羊”“鸡”“太阳”。

虎屋的羊羹，居然已经有500年的历史了。光凭这一点，就很想去光顾了吧！用竹叶包裹着的羊羹，可是传承了500年的食物啊！

1 和果子（和菓子）：简单来说就是日本传统糕点的总称。

空也的最中（もなか）

“最中”就是豆馅儿糯米饼，即用糯米粉加上水以高温加压烤制成皮，内填红豆馅儿的一种糕点。淡味道的糯米皮，正好可以中和红豆馅儿的甜味儿。

这家存在了快200年的和果子店，曾经在夏目漱石的作品中出现过。空也坚持手工制造，必须要电话预约才能够买到他们的“最中”。空也的红豆馅儿可以吃出红豆颗粒，并且也不那么甜。据说购买后放置两三天，等甜味渗入饼皮中再食用，会更好吃。

Akebono的大福（だいふく）

据说大福最初因为馅儿足，而被称为大腹饼，后来取了谐音叫作大福，听起来有种憨憨的感觉。

Akebono的红豆大福，里面是甜甜的豆沙馅儿，外面是混着颗粒状红豆的麻薯皮。大福皮吃起来十分松软，但是红豆粒却相对比较硬，这种软硬结合恰到好处。有时候店家还会推出草莓馅儿的版本。

菊乃舍的富贵寄（ふきよせ）

由各种烤果子和砂糖制的果子组合而成的富贵寄，就像是一个宝藏盒，汇集了许许多多的小宝石——干点心。它又被称为吹寄点心，包装盒的盖子上通常印着风将如同彩色叶片的点心吹落到一起的画面。彩色的小盒子里，有金平糖、饼干、鲜贝等，如此包罗万象，确实很“富贵”。

Yoshiya的铜锣烧（銅鑼焼き）

铜锣烧最初是作为哆啦A梦的最爱而广为人知的，这家的铜锣烧和平时见到的不太一样，是将单个铜锣烧对折，卷成饺子的样子，饼内夹小豆馅儿。更有趣的是，这家店还可以定制铜锣烧上的图案。

文明堂的卡斯特拉蛋糕（カステラ）

据说有一位葡萄牙的传教士将当地一种黄色的蛋糕带入日本长崎，宣称其是来自卡斯特拉[1]王国的蛋糕。尽管发源地在长崎，但在银座也可以吃到同样美味的蛋糕。虽然在很多地方它被称为蜂蜜蛋糕（因为有蜂蜜的味道），但其实配料里并没有蜂蜜。

梅林堂的烤软饼（やわらか）

虽说是和果子，梅林堂的这种烤软饼却多了份洋果子的感觉。

以和果子“馒头”为原点衍生出的这种新式和果子，除了有日本人喜欢的传统抹茶味，还有欧美人喜爱的朗姆酒味，而夹心是白巧克力。150多年的老店，也能够跟随时代的进步，创造出更符合年轻人口味的21世纪甜点呢！

吃到这款软饼的时候，我心中暗想——和果子还能再活500年！

万年堂的御目出糖（おめでとう）

“おめでとう”这句日语的意思是恭喜，御目出糖这种点心的发音，与“恭喜”的发音相同，是一款非常喜庆的点心。

1 卡斯特拉：西班牙历史地名，曾经是一个王国。

后记 Afterword

在临近敲定这本书名字的时候，我还在几个备选中犹豫不决。

“东京观察记”“东京显微镜”“手帐东京”……都能表达书的立意，却又都觉得缺了些什么。毕竟对于这个城市，我已经不是走马观花、说“初次见面，感谢招待”的角色了。这本书虽然看起来像是浮在空中对这个城市大大小小故事做的记录，但实实在在的东京生活，已将我变成了它循环体系中的血液细胞。东京，就像是一个生龙活虎的巨大生物，在街头上、在气味中、在声音里，都能感觉到它。这些体验的碎片是连续的，就像线索一样会将你导引到它最柔软的角落中——而它的真实恰恰就隐藏在这些褶皱里。

想到这儿，答案便自己跳了出来——“东京旮旯”。

其实它并不是凭空来的，现在它也是我和几个好友的电台节目名。早在它成为任何具体事物之前，就存在于我的脑海中了。旮旯这个词，北京人经常用它去形容胡同，然而我并没有住过胡同，所以一直十分羡慕能够和神秘角落取得联系的居民们。“日”和“九”上下颠倒的二字组合，不就象征着东京吗？——就连方向感极强的人也会在深巷中迷路，太阳的方位也随之转向颠倒，一会儿跑到坡上，一会儿跑到坡下。

这本书也是由东京的旮旯组合而成的。

东京大大小小的街区中，住着的人们是那么的不同。不知道是街道的气质吸引了具有同样气质的人，还是同样气质的人聚集在一起，使街道具有了相同的气质，人和街道也许都是变色龙吧。在书中，我以车站为线索将东京分成了不同的区域，这些区域在我的脑海中呈现出不同的样貌，有的地方甚至只是隔了一条河的距离，就有着完全不同的气质。为什么呢？可能城区也和人一样，即使是每天生活在一起的兄弟姐妹，也会有不同的性格吧。

不管是不是出生在这个城市，只要住在东京，走上街头，也就成了东京人。

片面的概括、难以避免的固定印象、孤独的观察和过多的理性思考，让太多人误会了这个城市。其实每个构成东京的人都同样流淌着温热的血液，都努力在城市的某处经营着一小片天地。人们感到孤独，并不是城市的错，人情就像风，总在冷热不均的空间中，带着能量流动。

我挑选了东京在自己印象里最深刻的这些地方，连写带画，将这些旮旯里的故事记录下来。东京就像是一面镜子，如果你用俯瞰深渊般的态度去观察它，它的繁忙与喧嚣会让你始终想与它保持距离；如果你用热情的目光去注视的话，它就是这个世界上最可爱、最具有能量的都市。

希望这本书能成为你和这座城市开始沟通的契机。